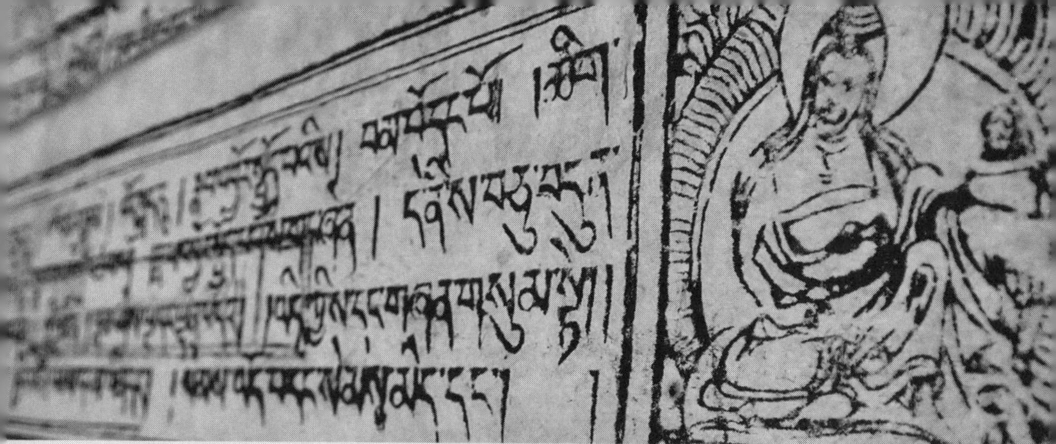

『阿毘達磨集論』の伝承

あびだつまじゅうろん

インドからチベットへ、 過去から未来へ

高橋晃一 Takahashi Kouichi
根本裕史 Nemoto Hiroshi
＝編

Achim Bayer
彭毛才旦
李学竹
崔境眞

文学通信

目次

序にかえて

高橋晃一

1.『阿毘達磨集論』とは

本書で取り上げる『阿毘達磨集論』は、5世紀ごろのインドの学僧アサンガ（Asaṅga 漢訳名：無著／無着）によって書かれた仏教の哲学文献である。原題はサンスクリット語で *Abhidharmasamuccaya*（アビダルマ・サムッチャヤ）といい、「アビダルマの集成」を意味する。7世紀に唐の玄奘は、これを『大乗阿毘達磨集論』と漢訳しており、これにちなんでこの著作を『阿毘達磨集論』、または単に『集論』と呼びならわしている。玄奘訳の題名は「大乗」を冠しているが、そもそも原題にはこれに相当するサンスクリット語である「マハーヤーナ」は付されていない。チベット語訳では「チューグェンパ・クンレートゥパ（Chos mngon pa kun las btus pa）」と訳しているが、「チューグェンパ」が「アビダルマ」に、「クンレートゥパ」が「サムッチャヤ」に相当し、サンスクリット語を直訳したような題名になっている[1]。おそらく「大乗」が付かない方が本来の形だったのであろう。

ところで「アビダルマ」という概念は、サンスクリット語の語源から見た場合、ブッダの教えを意味する「ダルマ（dharma）」という語に、「対する」という意味の接頭辞「アビ（abhi）」を付して作られた語で、最初期の用例では「ダルマに対して」を意味する副詞だったと言われている。その後、次第に「ダルマの研究」を意味するようになり、そこからさらに派生して、ダルマの研究に関する「論」を指す語になった。ここで言う「論」とは、経蔵や律蔵とならぶ、仏教典籍の一つのジャンルである論蔵に相当する。狭い意味では、アビダルマは、説一切有部に代表される部派仏教の教理を扱う文献群であり、それらは漢訳大蔵経では「毘曇部」、チベット大蔵経では「グェンペー・テンチュー（mNgon pa'i bstan bcos）（「アビダルマ論書」の意）」という特別な部門に分類されている。

しかし『阿毘達磨集論』は、漢訳大蔵経においても、チベット大蔵経においても、アビダルマ論書を扱う部門には収められず、大乗仏教の一学派である瑜伽行唯識派の文献として扱われている。著者のアサンガは瑜伽行派の思想の大成者であり、彼は『阿毘達磨集論』においても三性やアーラヤ識のような瑜伽行派特有の概念に言及している。そうした事情もあって、玄奘はあえてこの書物の題名に「大乗」を付したのかもしれない。このように『阿毘達磨集論』は、本来は部派仏教の教理と密接に関わる「アビダルマ」を表題に含みながら、その内容は瑜伽行唯識派の思想に基づく文献なのである。

2. 著者アサンガについて

『阿毘達磨集論』の著者であるアサンガは、実弟のヴァスバンドゥ（Vasubandhu 漢訳名：世親）とともに唯識思想を大成した人物として知られている。唯識は、サンスクリット語ではヴィジュニャプティ・マートラ（vijñaptimātra）という。外界の対象の存在を否定し、ただ認識の結果のみが存在するという意味である。アサンガは唯識思想をマイトレーヤ菩薩（弥勒菩薩）から学んだと言われているが、その経緯に関する最も古い記録は、真諦（パラマールタ、499–569 年）という人物の手になる『婆藪槃豆法師伝』（「婆藪槃豆」は Vasubandhu の音写）に見られる。これは弟のヴァスバンドゥの事績を記した伝記だが、兄のアサンガについても比較的詳しく述べられている。

それによれば、アサンガは北インドのプルシャプラの出身で、三人兄弟の長男であった。三人兄弟の俗名はみなヴァスバンドゥだったが、『婆數槃豆法師伝』ではアサンガを「長子婆數槃豆（長男のヴァスバンドゥ）」と呼んで区別している。真諦の伝えるところによると、アサンガは神通力によって兜率天という天界に上り、そこでマイトレーヤ菩薩から唯識思想を学んだ。さらに後日、下界に戻ったアサンガのもとにマイトレーヤ菩薩が降りてきて、毎晩、彼のための『瑜伽師地論』という大部の論書を講じ、昼になるとアサンガは、その内容を人々のために説いた、という。以上が『婆數槃豆法師伝』に見られるアサンガの事績の概要である[2]。

この逸話は伝説に彩られており、史実としては受け入れがたいが、現実の出来事ではないとしても、アサンガに何らかの神秘体験が起こったことは、早い時期から信じられていたのであろう。唯識思想を受け継いだ仏教徒たちは「ヨーガの実践者」という意味で瑜伽行派（ヨーガーチャーラ）と呼ばれており、彼らがヨーガの瞑想を重視していたことが窺い知れる。アサンガもこうしたヨーガに習熟していて、その瞑想の中でマイトレーヤ菩薩に出会うという神秘的な体験をしたのかもしれない。

アサンガの神秘体験については想像の域を出ないが、マイトレーヤ菩薩が彼のために講じたという『瑜伽師地論』には、アーラヤ識や三性説など、瑜伽行派に特有の教理が説かれており、アサンガは『摂大乗論』において、それらの教理を体系的に整理しながら唯識思想を構築している。本書で取り上げる『阿毘達磨集論』も、こうした思想を背景に書かれた論書なのである。

3.『阿毘達磨集論』に関する新資料

この『阿毘達磨集論』に関して、近年、新たな資料が発見され、研究の状況が大きく変わりつつある。まず、『阿毘達磨集論』のサンスクリット語原典を復元するための新たな写本資料が見つかった。これまで、『阿毘達磨集論』の原典は、半分以上が散逸した断片的な写本が残っているに過ぎなかった。サンスクリット語で書かれた注釈は完本で残っていたが、『阿毘達磨集論』本文全体を再構成し得る資料ではなかった。しかし、近年になって、新たな写本が見つかり、『阿毘達磨集論』のほぼ全体の原典が復元可能になった。これについては、本書のChapter 4で詳しく報告している。

また、やはり近年になって発見され、刊行された『カダム全書』の中に、『阿毘達磨集論』のチベット語訳に対してチベット人が書いた注釈が多く残っていることが分かった。以下、目録に記載されている順に列挙する[3]。

4.『カダム全書』所収の『阿毘達磨集論』注釈

1. *Chos mngon pa kun las btus pa'i ṭīkka shes bya thams cad gsal bar byed pa'i sgron me*、'Jad pa gzhon nu byang chub（生没年不詳）著、第2輯、第40巻、通番33、263葉
2. *Chos mngon pa kun las btus pa'i rnam par bshad pa gsal ba'i rgyan*、bZad pa'i ring mo（12~13世紀）著、第2輯、第41巻、通番34、180葉
3. *Chos mngon pa kun las btus pa'i bshad pa rnam bshad snying po legs bshad kyi 'od zer*、作者不詳、第2輯、第41巻、通番35、113葉
4. *Chos mngon pa kun las btus pa'i bshad pa shes bya gsal byed*、Gar dharma smon lam（生没年不詳）著、第2輯、第42巻、通番36、273葉
5. *Chos mngon pa kun las btus pa'i de kho na nyid 'byung ba*、Thar pa lo tsā ba nyi

ma rgyal mtshan（13 世紀）著、第 2 輯、第 43 巻、通番 37、274 葉

6. *mNgon pa kun las btus pa'i bshad pa rGyan gyi me tog*、bCom ldan rig pa'i ral gri（1227–1305）著、第 2 輯、第 57 巻、通番 163、314 葉
7. *mNgon pa kun btus kyi bshad pa shes bya rab gsal*、作者不詳、第 3 輯、第 80 巻、通番 4、100 葉
8. *mNgon kun las btus pa'i rgyan ces bya ba*、bTsun pa 'khon ston（生没年不詳）著、第 3 輯、第 81 巻、通番 2、208 葉
9. *mNgon pa kun btus kyi 'grel pa*、作者不詳、第 3 輯、第 82 巻、通番 2、279 葉
10. *Chos mngon pa kun las btus pa'i rgya cher 'grel pa shes bya gsal byed*、dPang lo tsā ba blo gros brtan pa（1276–1342）著、第 4 輯、第 114 巻、通番 1、345 葉
11. *Dam pa'i chos mngon pa kun las btus pa'i 'grel pa shes bya ba gsal rnang*、Sa bzang ma ti paṇ chen（Blo gros rgyal mtshan）（1294–1376） 著、 第 4 輯、第 117 巻、通番 1、412 葉

本書では、Chapter 1 および Chapter 3 において、「カダム全書」所収資料を用いた研究の実例を紹介している。このように『阿毘達磨集論』に関する資料の状況は大きく変化している。これらの資料を整理し、『阿毘達磨集論』の原典と思想に関して、改めて研究する必要性を強く感じる。

5. XML による電子テキストの作成

サンスクリット語原典と、チベットの伝承に関する資料の登場で、『阿毘達磨集論』研究は課題が山積している状態だが、今後、テキスト研究を進めるためには、まず膨大な文献資料を整理しなければならない。大量

の文献を扱うために、テキストをデジタルデータ化し、コンピュータで扱える状態にすることは今日では当たり前の手法になってきたが、そのための技術としてXMLというコンピュータ言語が近年注目を集めている。XMLはExtensible Markup Language（拡張可能なマークアップ言語）の略で、独自に決めたタグをプレーンテキストに入れていくことで、テキストを構造化したり、情報を付加したりすることができる。例えば、出典が明示されていない引用や、不正確な引用文などに対して、出典情報や原文の形などを、テキスト本文とは別なレベルで記述していれば便利なことは容易に想像できるだろう。XMLでは、そうした情報をタグと呼ばれる記号で記述することができる。この手法については、本書Chapter 4で詳しく紹介している。

＊　＊　＊　＊　＊　＊　＊

こうした状況を踏まえて、『カダム全書』所収の『阿毘達磨集論』の諸注釈を概観できるようにするため、2018年から科学研究費基盤（B）の助成を受けて、電子テキストの作成を始めた。『阿毘達磨集論』の写本研究、原典読解、思想研究の最先端の成果を紹介しつつ、今後の研究の展望を示すのが本書の目的である。

本書の出版にあたり、ご協力いただきました文学通信のスタッフの方々、特に企画段階から相談に乗っていただいた岡田圭介氏と、チベット語、サンスクリット語を含む面倒な原稿を編集してくださった渡辺哲史氏に、心よりお礼申し上げます。

▶注

1　チベット語訳は、ジナミトラ、シーレーンドラボーディ、イェシェーデの三名によってなされた。8世紀後半から9世紀初頭の間に訳されたものと考えられる。

2 三枝充悳著『人類の知的遺産14 ヴァスバンドゥ』（講談社、1983年）pp.25–28参照。（『世親』として講談社学術文庫より、2004年に再版。pp.42–45）

3 『カダム全書』の目録（『《噶当文集》第三部目录』（p.142））によれば、第三部の第八十一巻に仁青慈成（Rin chen tshul khrims）という人物の手になる「大乘阿毗达磨集论注释」（100葉）が収められていることになっているが、内容を見る限り、『阿毘達磨集論』の注釈ではない。チベット語の題名は、'Grel bshad kun las btus pa'i snying po nyi ma'i 'od zer で「注解・集論の精髄たる陽光」と訳すことができるが、ここでいう「集論」（クンレートゥパ：kun las btus pa）は「量集論」（ツェーマ・クンレートゥパ：tshad ma kun las btus pa）、すなわちディグナーガの『プラマーナ・サムッチャヤ』を指していると思われる。さらに崔境眞博士の所見によれば、『プラマーナ・サムッチャヤ』そのものの注釈ではなく、ダルマキールティの『プラマーナ・ヴィニシュチャヤ』の注釈らしい。いずれにせよ、前後に『阿毘達磨集論』の注釈が並んでいるために誤解したものと思われる。

bKa' gdams gsung 'bum phyogs sgrig thengs gsum pa'i dkar chag『《噶当文集》第三部目录』、四川民族出版社、2009年12月

Chapter 1

『阿毘達磨集論』における「アビダルマ」とは何か？

――『カダム全書』所収資料を手掛かりに――

高橋晃一

1.「アビダルマ」という概念

『阿毘達磨集論』のサンスクリット原題は「アビダルマサムッチャヤ（*Abhidharmasamuccaya*）」という。「アビダルマの集成」という程度の意味である。しかし、この「アビダルマ」という概念を一言で説明することは難しい。玄奘はこの著作を漢訳した際に題名を「阿毘達磨集論」と訳したが、アビダルマの部分は漢字で発音を写し取っているに過ぎない。一方、チベット語では「アビダルマサムッチャヤ」を「チューグェンパ・クンレートゥパ（chos mngon pa kun las btus pa）」と訳している。後半のクンレートゥパは文字通りには「全体から集めたもの」を意味し、書物についていうときは「集成」の意味になる。前半のチューグェンパは、チューがダルマ（法）の訳であり、それに「極めて」「最高の」などの意味があるグェンパを付しているので、「最高のダルマ」と訳せるが内容は漠然としている。省略してグェンパだけでアビダルマを意味することもあり、半ば符牒的な訳語といえる。

このように「アビダルマ」という語は翻訳することは難しいが、一般的な使われ方から見た場合、経律論の三蔵のうち、論蔵を指してアビダルマという。また論蔵に収められている論書は、仏教の哲学思想を扱うため、仏教哲学の教理体系をアビダルマと呼ぶこともある。さらに歴史的に見た場合、アビダルマは本来、「ダルマに関する」という意味であったが、それが「ダルマに関する議論」という文脈で用いられるようになり、そうした議論を扱う論書が次第に「アビダルマ」と呼ばれるようになったと言われている[1]。

2. 注釈書における扱い

このように難解なアビダルマという概念について、『阿毘達磨集論』は何も解説していない[2]。またインド撰述の注釈もこの点については触れていない。しかし、近年公刊された『カダム全書』に収録されている『阿毘達磨集論』の諸注釈の中には、アビダルマの解釈について言及する例が見られる。

これまでも、『阿毘達磨集論』に対するチベット撰述の注釈書は、プトゥン・リンチェンドゥプ（1290–1364）の注釈をはじめ、いくつか知られていたが、それらはすべて14世紀以降に書かれたものであった[3]。しかし、『カダム全書』に収録されている注釈は、プトゥンと同時代か、それよりさらに古い。また、内容から見ても貴重なものが含まれている。

そもそもチベットには、『阿毘達磨集論』の伝承に二つの系統があったと言われている。そのうちの一つはパンロツァーワ（1276–1342）に連なる系譜であり、もう一方はプトゥンに至るものであった[4]。パンロツァーワが『阿毘達磨集論』に注釈を施していたことは、チベットの学説綱要書で言及されていたため、以前から知られていたのだが[5]、実物は『カダム全書』の公刊により初めて参照できるようになった。また『カダム全書』には、チョムデン・リクペー・レルティ（1227–1305）の注釈のように、これまで知られていなかったものも収められている。チョムデン・リクレル、パンロツァーワ、プトゥンは、それぞれ視点の異なるアビダルマ解釈を示していることが確認できたので、ここではそれを手掛かりに、『阿毘達磨集論』におけるアビダルマの意味について考察する。

3.『倶舎論』におけるアビダルマの定義

すでに述べたように、『阿毘達磨集論』は「アビダルマ」について何も説明していないが、チョムデン・リクレルをはじめとするチベットの注釈家は『倶舎論』と『大乗荘厳経論』に基づいてアビダルマという概念を説明している[6]。彼らは共通して、『倶舎論』「界品」の冒頭にある、アビダルマの定義を引用する。『倶舎論』は以下のように述べている。

このアビダルマというのは何か。

無垢にして、随行者を伴う智慧が、アビダルマである。（「界品」第2偈初句）

この（偈の）なかで、「智慧」は法の弁別知である。「無垢の」とは「無漏の」である。「随行者を伴う」とは「眷属を伴う」である。かくして、「無漏にして、五蘊を伴うものがアビダルマである」と言われたことになる[7]。まず、これが勝義のアビダルマである。

一方、通俗的な（アビダルマ）は、

また、それに到達するための（智慧）と、論書である。（「界品」第2偈第二句）

また、聞思修より成る、有漏の智慧と、生得の（智慧）で、随行者を伴うものと、論書は、その（上述の）無漏の智慧の獲得のためにあるのだが、それもまた、それ（無漏の智慧）の資糧となるので、アビダルマと言われる。

一方、語源的語義解釈は、固有の特徴を保持する（dhāraṇa）ので、ダルマ（dharma ＝法）である。そして、これは究極の法（ダルマ）である涅槃、あるいは法（ダルマ）の特徴に対する、すなわち対面している（*abhi*mukha）法（dharma）なので、アビダルマである。[8]

この定義によれば、アビダルマは第一義的には無漏の智慧とされている。さらに通俗的には法の聴聞、思惟、修習によって後天的に身に付けた智慧や、論書も、無漏の智慧を獲得するためのものなので、アビダルマとされる。

ところで、『倶舎論』が説明する勝義のアビダルマは、「随行者を伴う智慧」であるとされている。この表現に関して、サンガバドラ（5世紀頃）やスティラマティ（6世紀頃）など、インドの注釈者達は、「智慧だけがアビダルマなのではない」ということを強調している[9]。つまり、『倶舎論』は単に智慧という概念を取り出して、その性質を説明しているわけではなく、その智慧の存在の仕方を問題にしていると考えなければならない。この智慧は単独で存在するものではなく、随行者を伴っている、ということが重要な意味を持っている。『倶舎論』は、この偈の内容を「無漏にして、五蘊を伴うものがアビダルマである」と言い直しているので、無漏の智慧に随行するものは五蘊とみるべきである[10]。ところで、五蘊は人間を構成する要素なので、この智慧は人としての存在を伴うものということになる。言い換えれば、人間の本質は智慧であり、それがアビダルマであるとも解釈できる。もちろん、この場合の人間は、無条件にすべての人間という意味ではなく、無漏の智慧を獲得した人や、それを目指して修行している人に限定されている。仮にそうだとしても、先の『倶舎論』の一連の文章が単に智慧の性質を説明しているのではなく、修行者の本質としての智慧のあり方を明かしているとみるべきだろう。

インド撰述の注釈書は、管見の及ぶ限り、ここまで明言しているものはない。しかし、『阿毘達磨集論』に対するチベット撰述の注釈書の中には、この定義に対して踏み込んだ解釈を示しているものがある。次に紹介するチョムデン・リクレルの注釈は、特に重要である。

4. チョムデン・リクレルのアビダルマ解釈

『カダム全書』に収録されているチョムデン・リクペー・レルティ（1227–1305）の『阿毘達磨集論』注（*mNgon pa kun las btus pa'i bshad pa rGyan gyi me tog*）は、これまで名前も知られていなかったが、プトゥンのものよりも古く、内容も興味深い。

彼は本文の注釈を始める前の、いわゆる解題の個所で、「アビダルマ」に関する解釈を述べている。チベット語訳の仏典は通常、サンクスリット語の原題をチベット文字で音写したものと、チベット語に翻訳した題名を本文の前に併記している。その題名を解説する際に、チョムデン・リクレルは、まず『倶舎論』を引用し、「アビダルマ」の定義と定義対象について考察する[11]。それに続けて『大乗荘厳経論』を引用し、三蔵のうちの論蔵としてのアビダルマについて説明するが、後者については目新しい解釈は見られないので、ここでは『倶舎論』の内容を中心に考察する。（該当箇所のテキストと和訳は 23 頁資料 1 を参照）

チョムデン・リクレルは『倶舎論』の「無垢にして、随伴者を伴う智慧がアビダルマである」という偈頌を引用し、その内容を「無漏の道の智慧にして、随伴者を伴うもの」（資料 1［111.21］）と読み替える。ここで言う「無漏の道」とは、瑜伽行派が設定する五段階の修行階梯（五道）のうち、見道位から上の段階を指している[12]。彼はこれをアビダルマの定義とし、この定義が適用される具体的な対象を「声聞、独覚、菩薩、仏の相続に取りまとめられる、無漏の五蘊」であると説明する。

チョムデン・リクレルの解釈の特徴は、定義の適用対象を、声聞、独覚、菩薩、仏を構成する五蘊であると指摘している点にある。五蘊とは端的に言えば、人間を構成する要素なので、分かりきったことを言っているようにも聞こえるが、チョムデン・リクレル以外の注釈者はこれを明言していない。

5. パンロツァーワとロドゥギェンツェンの解釈

パンロツァーワ（1276–1342）は、チョナン派の学僧で、チョムデン・リクレルよりも半世紀ほど時代が下る。先行研究では、チベットにおける『阿毘達磨集論』の伝承系譜を考えるうえで、重要な人物と目されている（注4および5参照）。チョムデン・リクレルと同じく、彼も「アビダルマサムッチャヤ」のサンスクリット語原題を逐語的に解釈したのち、『倶舎論』の偈頌に基づいて、智慧としてのアビダルマを説明する。パンロツァーワと親交のあったロドゥギェンツェン（1294–1376）も、パンロツァーワとほぼ同じ内容の注を施しているので、ここでは両者の注釈について、まとめて考察する。両者の「アビダルマ」理解の要点は以下のようになる。（テキストと和訳は25頁資料2および27頁資料3を参照）

アビダルマは、無漏の智慧にして、随伴者を伴うもの、五蘊の本質である。五蘊とは見道などにまとめられる無漏の意識（識）と、混乱のない感受（受）、相のない観念（想）、心など（行）と、無漏律義としての色（色）である。同様に『倶舎論』に、「アビダルマは無垢の智慧であり、随伴者を伴うものである」と言う。

資糧道と加行道の智慧で、随伴者を伴うものは、見道などにまとめられる無漏の意識などの原因であるから、「アビダルマ」と仮に言われる。また、『十万経』（『婆娑論』のことか？）などはそれを留めておくので、それに対して「アビダルマ」と仮に表現されるのであり、「それを得るためのものや、論書である」と『倶舎論頌』で言われる。この場合も、表示するものに対して、表示されるべきものが仮に言われたのである。

チョムデン・リクレルと比べると、この二人の解説は簡潔な表現になっている。五蘊については、無漏の五蘊を一つずつ説明しているが、それらが仏や菩薩などを構成する要素であるということには言及しない。

6. プトゥンのアビダルマ解釈

仏教史の著者として有名なプトゥン・リンチェンドゥプ（1290–1364）も、チベット語訳『阿毘達磨集論』に対して詳しい注釈を残している[13]。彼も「アビダルマサムッチャヤ」という原題の意味を説明する際に、アビダルマについて詳しく解説している。内容は前半と後半に分けることができ、前半ではアビダルマの語源的な語義解釈が示され、後半はアビダルマの定義を紹介しながら、その内実を明らかにしていく。（テキストと和訳は 28 頁資料 4 を参照）

プトゥンはまず、ダルマという概念について、「固有の特徴を保持するもの」であり、それが「有漏と無漏」で構成されることを述べ、そのあとで「アビ」の解釈を列挙する。この一連の説明はそれぞれ『倶舎論』と『大乗荘厳経論』の内容に基づいていると思われる。ここまでは、一般的な語義解釈である。

これに続く後半部分では、「無漏の智慧にして、随伴者を伴うもの」をアビダルマの定義として提示する。定義文の中にある「随伴者」は色から始まる五蘊、または色を除いた四蘊と説明する。

次に、勝義としてではなく、日常的な言語を介して理解されるアビダルマに説明が及ぶ。そのようなアビダルマとして、有漏の智慧と論書の二つがあげられるが、この二つはいずれも無漏の智慧を得るための原因であるという意味で、アビダルマと呼ばれている。

出典を明記していないが、プトゥンは一連の解説の末尾に『倶舎論』の偈を引用しているので、彼の理解は基本的に『倶舎論』に基づいていると考えられるが、解説の順序は『倶舎論』とは異なっている。プトゥンはダルマの語源的語義解釈から始め、論蔵としてのアビダルマを説明してから、アビダルマの定義に進んでいる。それに対して『倶舎論』は、「無垢にして随伴者を伴う智慧」という勝義のアビダルマの定義から始め、次に通俗的な意味でのアビダルマ、すなわち、有漏の智慧と論としてのアビダルマを説明し、最後にダルマの語源的語義解釈を提示する。このように、プトゥンの論理構成は『倶舎論』とは真逆になっている。おそらくプトゥンはこの個所のアビダルマを、論としてのアビダルマとして説明しようとしているために、このような順序になったのではないかと考えられる[14]。

プトゥンの解説は詳しい反面、やや冗長なところがある。随伴者の説明では、五蘊だけでなく、四蘊にも言及しているので、無色界の禅定に到達した修行者を念頭に置いていると思われるが、そもそもこれはスティラマティが問題にし、詳しく論じているもので、プトゥンはそれをただ紹介しているだけのようにも見える（資料 4 注 24 参照）。その他にも、プトゥンの解説はインド撰述の注釈に遡及し得る内容が散見されるが、プトゥン自身の理解の特徴は見えにくい。

7. チョムデン・リクレルのアビダルマ理解の意義──結論にかえて──

チョムデン・リクレルが、『倶舎論』の勝義のアビダルマ、すなわち無漏にして五蘊を伴う智慧としてのアビダルマを、声聞、独覚、菩薩、仏を指す概念として理解している意義を考える必要があるだろう。アビダルマは智慧であり、それは五蘊を眷属のように従えている。五蘊は人間を構成する要素であるから、人としての存在が智慧であるアビダルマによって統御されていることになる。そして、それが有漏・無漏という概念と結びつくことで、人と仏道修行との関連が示されている。こうして、アビダルマは声聞、独覚、菩薩、仏の本質と位置づけられることになる。このような理解は、『倶舎論』の本文からもある程度は読み取ることができるが、チョムデン・リクレルは、これを明言している点で、特徴的と言える。

もう一つ、考えておくべきことは、チョムデン・リクレルがこの解釈を『阿毘達磨集論』の注釈の中で行っていることの意味であろう。すでに述べたように『阿毘達磨集論』の著者であるアサンガは、『倶舎論』の著者ヴァスバンドゥの兄なので、この二人がアビダルマに関する理解を共有していた可能性は否定できない。もちろんアサンガが、「アビダルマとは智慧であり、仏・菩薩の本質である」と考えていたと、ただちに結論付けるわけにはいかない。しかし、アビダルマを単なる論書や教理体系とみるのではなく、仏道修行者に備わる本質的なものであり、修行者の存在や行為を離れては意味のないものと捉えると、きわめて簡潔な文体で書かれた『阿毘達磨集論』の教理が、現に存在し、仏道修行に向かう人のための有意味な体系として理解できるようになるだろう。

この印象が正しいかどうかは、今後の検討課題であり、またチベット撰述の注釈をアサンガやヴァスバンドゥの思想理解に無批判に適用することには慎重でなければならない。しかし、チベットにおける『阿毘達磨集論』の注釈伝統には、地域や時代の限定を超えて、現代の研究者にとっても示唆に富んだものが含まれている可能性は認められるべきであり、その全体像を明らかにすることは喫緊の課題と言える。(終)

▶資料1

mNgon pa kun las btus pa'i bshad pa rGyan gyi me tog、[15]

チョムデン・リクレル（1227–1305）著

［111.2］

gnyis pa chos la a bhi dha rma ces bya ba ni mngon pa'i chos shes bya ba yin la sa mud tsa ya ni kun las btus pa yin no//

[111.21]

mngon pa de yang gzhung dang lam dang 'bras bu'i bdag nyid gsum yin te *Chos mngon pa'i mDzod* las

chos mngon shes rab dri med rjes 'brang bcas//

zhes gang bshad pa yin no//

gsum po de yang brjod bya don gyi mngon pa dang/ rjod byed sdra'i mngon pa gnyis su gnas pa las dang po'i mtshan nyid ni zag pa med pa'i lam gyi shes rab rjes 'brang dang bcas yin la// mtshan gzhi ni nyan thos dang rang sangs rgyas dang byang chub sems dpa' dang sangs rgyas rnams kyi rgyud kyis bsdus pa'i zag med kyi phung po lnga nyid yin no//

gnyis pa'i mtshan gzhi ni chos mngon pa'i mdo dang bstan bcos rnams yin la mtshan nyid ni mya ngan las 'das ba mngon du byed pa dang/ shes bya thams cad yang dang yang du 'chad pa dang/ rgol ba zil gyis non pa dang/ mdo'i don rtogs par byed pa'i khyad par bzhi dang ldan pa yin te *mDo sde'i rgyan* las

mngon du'i phyir dang yang yang dang/

zil gnon rtogs phyir mngon pa'i chos

shes 'byung pa yin no//

[111.2]

２．法に対して、abhidharma というのは、「最高の法」ということであり、samuccaya は、「すべてから集めた（もの）」ということである。

[111.21] "mngon pa" の語義

この「アビダルマ」はまた、典籍と道と果という三つの本体であり、『阿毘達磨倶舎論』によれば、

アビダルマは、無垢にして、随伴者を伴う智慧である

と言われているものである。

[111.2] " 法の本質 "

この三つはまた、表示対象としての「アビダルマ」と、表示する語としての「アビダルマ」の二つとしてあるもので、そのうち第一のもの（表示対象としてのアビダルマ）の定義は、「無漏の道の智慧にして、随伴者を伴うもの」である。（その表示対象としてのアビダルマの）定義対象は、声聞、独覚、菩薩、仏の相続によって包摂された、無漏の五蘊そのものである。[16]

第二のもの（表示する語としてのアビダルマ）の定義対象は、「アビダルマ」の経と論書であり、定義は、涅槃を実現するもの、すべての知られるべきことを何度も説明するもの、論争を制圧するもの、経の意味を理解させるものという、四つの特徴を備えていて、『大乗荘厳経論』（「述求品第十二第三偈」）によれば、

向かうので、繰り返すので、圧倒し、理解するので、アビダルマである。[17]

と述べられているのである。

▶資料2

Chos mngon pa kun las btus pa'i rgya cher 'grel pa shes bya gSal byed（2v6-3r1）

パンロツァーワ（1276–1342）著

{} は筆記者によって行間などに補われた文字

gnyis pa la chos mngon pa ni zag pa med pa'i she rab rjes 'brang dang bcas pa phung po lnga'i bdag nyid te/ mthong lam lasogs pas bsdus pa'i zag med kyi yid kyi rnam shes dang za zing med pa'i tshor ba dang mtshan ma med pa'i 'du shes dang sems pa lasogs pa dang zag pa med pa'i {sdom ba'i} gzugs so// de skyad du mjod（*mDzod?*）du

chos mngon shes rab dri med rjes 'brang bcas/

zhes so//

tshogs lam dang sbyor lam gyi shes rab rjes 'brang dang bcas pa ni de'i rgyu yin pas chos mngon par gdags shing/ mdo 'bum pa lasogs pa rnams ni de'i sdod byed yin pas der gdags te/

de thob bya phyir gang dang bstan 'chos gang/

zhes so/ 'dir yang rjod byed la brjod bya btags pa'o//

kun las btus pa'i don ni gzhung 'di nyid du 'chad par 'gyur ro//

第二に、「アビダルマ」は、無漏の智慧にして、随伴者を伴うもの、五蘊の本質である。（この場合の五蘊は）見道などによって包摂された、無漏の意識（＝識）と、混乱のない感受（＝受）、相のない観念（＝想）、心など（＝行）と、無漏の〔律義としての〕色である。このように『倶舎論』に、

アビダルマは無垢にして、随伴者を伴う智慧である

と言う。

資糧道と加行道の智慧で、随伴者を伴うものは、それ（見道などに包摂される無漏の意識など）の原因であるので、「アビダルマ」と仮に表現され、『十万経』（婆娑論？）などはそれを留めておくので、それ（「アビダルマ」）と仮に表現されるのであり、

それを得るためのものや、論書である

と（『倶舎論頌』で）言われる。この場合も、表示するものに対して、表示されるべきものが仮に言われたのである。

「集成」の意味は、この典籍そのものとして、解説するだろう。

▶資料3

Dam pa'i chos mngon pa kun las btus pa'i 'grel pa shes bya ba gSal rnang（9r2-6: p.23）

ロドゥギェンツェン（1294–1376）著

{} は筆記者によって行間などに補われた文字、「*2」はチベット文字固有の数字

{*2 pa} bshad pa la chos mngon pa mtshan nyid pa ni zag pa med pa'i shes rab rjes 'brang dang bcas pa phung po lnga'i bdag nyid te/ mthong lam lasogs pas bsdus pa'i zag med yid kyi rnam par shes pa dang zang zing med pa'i tshor ba dang/ mtshan ma med pa'i 'du shes dang sems pa la sogs pa dang zag pa med pa'i sdom pa'i gzugso// de ltar yang mjod（*mDzod?*）las

chos mngon dri med shes rab rjes 'brang bcas// [18]

zhes so//

btags pa ba ni tshogs lam dang sbyor lam gyi shes rab rjes 'brang dang bcas pa rnams de'i rgyu yin pas/ 'bras bu'i ming gis btags nas chos mngon pa zhes bya zhing/ mdo 'bum pa la sogs pa rnams kyang de'i brjod byed yin pas/ brjod bya'i ming gis btags nas chos mngon pa zhes bya ste/

de thob bya phyir gang dang bstan bcos gang//

zhes so// 'dir yang brjod bya'i ming gis brjod byed la btags pa'o//

第二、釈論において定義に適ったアビダルマは、無漏の智慧にして、随伴者を伴うもの、五蘊の本質である。(五蘊はすなわち)、見道などに包摂される無漏の意識（＝識）と、混乱のない感受（＝受)、相のない観念（＝想)、心など（＝行）と、無漏律義としての色である。また、このように『倶舎論』に、

　　　　アビダルマは無垢の智慧であり、随伴者を伴うものである
と言う。

仮に表現された（アビダルマ）は、資糧道と加行道の智慧で、随伴者を伴う諸々のものは、それ（見道などに包摂される無漏の意識など）の原因であるので、結果の名前によって仮に表現して「アビダルマ」と言われ、『十万経』（婆娑論？）など諸々の（論）も、それについて述べるものであるので、述べられるものの名称によって仮に表現して「アビダルマ」と言われ、

　　　　それを得るためのものや、論書である

と（『倶舎論頌』で）言われる。この場合も、表示されるべきもの（アビダルマ）の名称によって、表示するもの（論書）に対して、（アビダルマと）仮に表現されたのである。

▶資料4

Chos mngon pa kun las btus kyi ṭīka rnam bshad Nyid ma'i 'od zer（2r5-v4）

プトゥン・リンチェンドゥプ（1290–1364）著

gdul bya shes bya'i gnas la mkhas pa'i shes rab bsked pa'i ched du mngon pa stong phrag brgya pa la sogs pa'i mdo kun las snying po btus [2b1] pa 'di mdzad do//

ji ltar bshad tshul la/ mtshan don dang/ mtshan can gzhung gi don gnyis las/ dang po ni/ chos yul bcu la 'jug kyang 'dir shes bya ni/

　　　　rang gi mtshan nyid 'dzin pas chos te/

　　　　zag bcas zag pa med chos rnams//

zhes zo//

　　　　mngon du'i phyir dang yang yang phyir//

　　　　zil gnon rtogs phyir mngon pa'i chos/[19]

zhes a bhi mu khya/ mngon du phyogs pa ste/ bden bzhi dang/ byang phyogs so bdun dang/ rnam thar sgo gzum sogs ston pas myang 'das la mngon du phyogs pas dang/ abhi ksha na/ yang yang ste chos re re la'ang gzugs can yin min dang/ bstan du yod med kyi bye brag sogs kyis yang yang ston pas dang/ a bhi bhu/ zil gnon te/ brtsad pa dang rtsa bzhin sogs kyi sgo nas phas rgol zil gyis gnon pas dang/ a bhi sa ma ya/ mngon rtogs te/ 'dis mdo sde'i don mngon par rtogs par byed pas so//

de mngon pa'i sde snod kyi nges tshig yin la/ mtshan nyid pa ni/ don dam pa'i chos myang 'das sam/ chos kyi mtshan nyid la mngon du phyogs pas mngon pa ste/ mngon pa mtshan nyid pa'i mtshan nyid ni/ zag med kyi shes rab rjes 'brangs dang bcas pa ste/ zag med ni nyon sgrib kyi zag med de/ 'khor dang bcas na/ phung po lnga'am bzhi'o//

btags pa ba la rtogs pa dang/ gzhung gis bsdus pa gnyis las/ dang po ni/ zag med kyi shes rab kyi rgyur gyur pa'i zag bcas kyi shes rab rjes 'brangs dang bcas pa ste/ thos bsam sgom pa dang/ skyes rtobs kyi shes rab ste/ 'khor dang bcas na/ gzugs na bsam gtan gyi sdom pa rjes su 'brangs pas phung po lnga/ gzugs med na bzhi yin zer ro//

gnyis pa ni chos mngon pa ston byed kyi bstan bcos te/ kha cig/ rjes 'brang 'dod mi 'dod lugs gnyis su smra yang/ 'dir mdo sde pa ltar na/ gzugs/ sems tsam pa ltar na/ 'dod pa'i don gyi rnam pa'i rjes su 'jug pa'i nyan pa po'i rnam rig gi tshogs su 'dod la/ grogs kis bsdus na phung po lnga'o//

de gnyis ka yang zag med kyi shes rab thob par bya ba'i phyir de'i tshogs su gyur pas mngon pa mtshan nyid pa'i rgyu yin pa'i phyir mngon pa ste/

chos mngon shes rab dri med rjes 'brang bcas/
de thob bya phyir gang dang bstan bcos gang/

zhes so//

（第三地に身を置く、彼のアサンガは）弟子が知られるべき対象に精通した智慧を起こすために、十万（頌）「アビダルマ」などの経「すべてから」精髄を「集めた」、この（論）を作られた。

説明の仕方に関して、名称の意味と、名称を持つもの、（すなわち）典籍の意味という二つのうち、第一は、十方の法に入るけれども、ここで知られるべきものは、

固有の特徴を保持するので法である。[20]

有漏と無漏の諸法がある。[21]

という。

向かうので、繰り返すので、

圧倒し、理解するので、勝れた法（アビダルマ）である。

という。abhimkhya は、「向かう」である。四諦と七覚支と三解脱門などを説くことによって、涅槃に向かうからである。また、abhikṣaṇa は、「またまた」である。それぞれの法に対してあるいは有色、無（色）、また有見、無（見）という違いなどにより、繰り返し説くからである。abhibhu は、「制圧する」である。論争や論争の主題などを通じて[22]、異論を制圧するからである。abhisamaya は、「現観」である。それによって、経の意味を現観させるからである。[23]

これは、アビダルマ蔵の語釈であるが、定義に適ったもの（としてのアビダルマ）は勝義の法である涅槃、あるいは法の特徴に向かうので、アビダルマである。定義に適ったアビダルマの定義は、「無漏の智慧にして、随伴者を伴うもの」である。「無漏」は煩悩障としての漏がないのである。眷属を伴う場合、蘊は五、あるいは四である。

仮に表現された（アビダルマ）に、理解と論書によって包摂されたものという二つ（があり、そ）のうち、第一のものは、無漏の智慧の原因となるような有漏の智慧で随伴者を伴うものである。聞思修と、生来の智慧で

あり、眷属を伴う場合、色（界）においては禅定の抑制が随伴するものであるので、五蘊（が眷属）であり、無色（界）においては四（蘊が眷属）である[24]。

第二のものは、アビダルマを説く論書である。ある者は、随伴者を認める、認めないという二つの見解を述べるけれども、これに対して、経量部の場合は、色（界の）、唯識派の場合は、欲（界）の対象の形相に従うものを対治する表象の資糧として認めるなら、協働因に包摂されるので、五蘊（が眷属）である。

この（理解と論書の）両者とも、無漏の智慧を得るために、その資糧となるので、定義に適ったアビダルマの原因であるから、アビダルマである。

アビダルマは無垢なる智慧にして随伴者を伴う、
それを得るためのものと、論書である。[25]

という。

▶参考文献

・*mNgon pa kun las btus pa'i bshad pa rGyan gyi me tog*, bCom ldan rig pa'i ral gri, *bKa' gdams gsung 'bum phyogs sgrig thengs*（『噶当文集』）（『カダム全書』）第 2 輯、第 57 巻、通番 163

・*Chos mngon pa kun las btus pa'i rgya cher 'grel pa shes bya gSal byed*, dPang lo tsaa ba bLo gros brtan pa, *bKa' gdams gsung 'bum phyogs sgrig thengs*（『噶当文集』）（『カダム全書』）第 4 輯、第 114 巻、通番 1

・*Dam pa'i chos mngon pa kun las btus pa'i 'grel pa shes bya ba gSal rnang*, Sa bzang ma ti Paṇ chen（'Blo gros rgyal mtshan）, *bKa' gdams gsung 'bum phyogs sgrig thengs*（『噶当文集』）（『カダム全書』）第 4 輯、第 117 巻、通番 1

- *Chos mngon pa kun las btus kyi ṭīka rnam bshad Nyid ma'i 'od zer*, The Collected Works of Bu-ston, pt.20（va）, ed. by Lokesh Chandra, Śatapiṭaka Series Indo-Asian Literatures vol.60, International Academy of Indian Culture, New Delhi, 1971.

- AKBh　*Abhidharmakośabhāṣya of Vasubandhu Chapter I, Dhātunirdeśa*, edited by Yasunori Ejima, 1989, Bibliotheca Indologica et Buddhologica 1.
- ASBh　*Abhidharmasamuccaya-bhāṣyam*, deciphered and edited by Nathmal Tatia, 1976, K.P. Jayaswal Research Institute, Patna.（repr. 2005）
- MSA　*Mahāyānasūtrālaṃkāra*, Skt: ed. by S. Levi , Paris, 1907, Tibetan Translation, P: No.5521, D: No.4020.
- MSABh　*Mahāyānasūtrālaṃkārabhāṣya*, see MSA.
- *Sphuṭārthā Sphuṭārthā Abhidharmakośavyākhyā by Yaśomitra*, edited by Unrai Wogihara, 2 vols, 1932–1936, Publishing Association of Abhidharmakośavyākhyā, Tokyo（repr.1971, Sankibo Press）
- *Tattvārthā Chos mngon pa'i mdzod kyi bshad pa'i rgya cher 'grel pa don gyi de kho na nyid ces bya ba,（Abhidharmakośabhāṣya ṭīkā Tattvārthā nāma）*, P vols.146–147, no.5875

- 『順正理論』『阿毘達磨順正理論』衆賢（サンガバドラ）造、大正 vol.29, no.1562.
- 『大乗阿毘達磨雑集論述記』基撰、大日本続蔵経

- 井上智之［1986］「チベットにおける『阿毘達磨集論』の伝承」、『印度学仏教学研究』35-1、330–328
- 井上智之［1988］「チベット撰述のアビダルマ文献」『佛教大學大學院研

究紀要』16、21–35
・櫻部建［1969］『倶舎論の研究　界・根品』法蔵館

▶注

1　櫻部［1969:28–29］は、主にパーリと漢訳の資料を精査し、初期教団における「法についての談論（abhidharmakathā）」が次第に「アビダルマ論書（abhidharmaśāstra）」に発展し、同時にその過程でブッダの教説を分析・統合するアビダルマ的な研究手法が進展したと考えている。

2　著者であるアサンガは、題名の由来について『阿毘達磨集論』の末尾で説明しているが、サムッチャヤの語義解釈を行うだけで、アビダルマの意味については何も述べていない。ちなみに、サムッチャヤの語義としては、「まとめて（*sam*etya）、集める（*uccaya*）ことによって」（sametyoccayatām upādāya）、「全体（*sam*anta）から、集める（*uccaya*）ことによって」（samantād uccayatām upādāya）、「正しく（*sam*yak）高みにゆく者（*uccaya*）となるための場であることによって」（samyaguccayatvāyāyatanatāṃ copādāya）という三つをあげている。（ASBh §205［p.156］参照）

3　井上［1986:330］では、プトゥンのほか、ロドゥギェンツェン（1294–1376）、タルマリンチェン（1364–1432）、シャーキャチョクデン（1428–1507）の注釈が紹介されている。

4　井上［1988:24–25］では、15世紀に書かれた歴史書『テプテルゴンポ』に基づいて、チベットにおける『阿毘達磨集論』の伝承に、パンロツァーワが関わる系譜と、プトゥンに至る系譜があったことを指摘している。

5　井上［1986:330］、同［1988:24］では、サキャ派のガワン・チューダク（1572–1641）がパンロツァーワの注釈に言及していることが報告されている。

6 中国の伝承でも、『阿毘達磨雑集論述記』（大日本続蔵経）の著者である基は、「阿毘達磨」を説明するために『倶舎論』を利用している。

7 pañcaskandhaka は「五蘊を持つもの」の意味で、直後のabhidharmaの修飾語になっていると考えられるが、チベット語訳は「無漏の五蘊に対してアビダルマと説かれたことになる」（zag pa med pa'i phung po lnga po la chos mngon pa zhes bstan par 'gyur ro//）と訳している。（AKBh tib P gu 28v3-4, D ku 27r4-5）

8 AKBh（p.2, 9–20）：

ko 'yam abhidharmo nāma/

prajñāmalā sānucarābhidharmaḥ//1-2a//

tatra prajñā dharmapravicayaḥ/ amaleti anāsravā/ sānucareti saparivārā/ evam anāsravaḥ pañcaskandhako 'bhidharma ity uktaṃ bhavati/ eṣa tāvat pāramārthiko 'bhidharmaḥ/

sāṃketikas tu

tatprāptaye yāpi ca yac ca śāstram//1-2b//

yāpi ca śrutacintābhāvanāmayī sāsravā prajñopapattipratilambhikā ca sānucarā/ yac ca śāstram asyāḥ prāptyartham anāsravāyāḥ prajñāyāḥ tad api tatsaṃbhārabhāvād abhidharma ity ucyate/

nirvacanaṃ tu svalakṣaṇadhāraṇād dharmaḥ/ tad ayaṃ paramārthadharmaṃ vā nirvāṇaṃ dharmalakṣaṇaṃ vā praty abhimukho dharma ity abhidharmaḥ/

9 『順正理論』（329b6-8）實非唯慧、謂及隨行。何謂隨行。謂慧隨轉色受想等諸心所法、生等及心。此則總説淨慧隨行。無漏五蘊名爲對法。（実にただ智慧のみではないので、「および、随行するもの」という。「随行するもの」とは何か。すなわち智慧に従ってはたらく色受想など、諸々の心所法であり、生など（の心不相応行法）と心（すなわち識）である。これはすなわち「清浄な智慧の随行（者）」と、まとめて言う。無漏の五蘊を対法（アビダルマ）と名付ける。）

Tattvārthā （P to 21v5-6, D tho 17r5-6）: *chos mngon shes rab dri med rjes 'brang bcas/* zhes bya ba la *shes rab* smos pa ni gtso bo yin pa'i phyir te/ *chos mngon pa ni phung po lnga'o* zhes gsungs pa'i phyir shes rab kho na chos mngon pa ni ma yin no//（「アビダルマは無垢の智慧であり、随行者を伴う」という中で、「智慧」と言われたのは、主要なものだからである。「アビダルマは五蘊である」と言ったので、智慧だけがアビダルマなのではない。）

Tattvārthā （P to 21v8-22r1, D tho 17r7-v1）: yang ci shes rab dri ma med pa kho na chos mngon pa yin nam zhe na/ smras pa/ ma yin no// 'o na ci zhe na/[1] rjes 'brang bcas so// rjes su 'brang ba yang shes rab gtso bor gyur ba'i phyir te/ yang shes rab 'khor ni ma yin no//（また、無垢の智慧だけがアビダルマなのか、というならば、答える。そうではない。では、何が（アビダルマなのか）、というと、随行者を伴うものである。随行者も（アビダルマである）。智慧を主要なものとするので。また、智慧は随行者ではない。）

1） / P; om. D

10 *Tattvārthā* （P to 22r1, D tho 17v1-2）：gang dag gzugs la sogs pa dang dus dang 'bras bu la sogs pa dag dang dge ba nyid kyis shes rab kyi rjes su 'jug ste/ de ni shes rab kyi 'khor ro//（色などと、時と結果などと善によって智慧に随伴するのであり、それらこそが眷属である。）

Sphuṭārthā p.8,15–19: **sānucare**ti saparivārā. ⋯ ke punas te. cittacaittāḥ anāsravasaṃvaro jātyādayaś ca cittaviprauktā iti. （「随伴者を伴う」とは眷属を伴う（ということである）。⋯次に、それらは何か。心心所、

無漏の律義、生などの心不相応行（法）である。）

11　文字通りにはmngon paの解釈だが、chos mngon paを解釈していることは文脈から明らかである。

12　五道は、下から順に、資糧道、加行道、見道、修道、究竟道。資糧道、加行道は有漏、見道以上が無漏となる。

13　プトゥンの注釈は以前から知られていたもので、『カダム全書』に収められているものではない。

14　そもそも、プトゥンはこの個所で、『阿毘達磨集論』のチベット語訳題名であるchos mngon pa kun las btus paを解説しているのだが、彼はまず題名自体を読み替えて、**mngon pa** stong phrag brgya ba la sogs pa'i mdo **kun las** snying po **btus pa**とする。太字にした部分がもとの題名にあった単語で、その間にいくつか単語を挿入しているが、訳すと、「十万アビダルマなどの、すべての経から収集された精髄」となる。この読み替えを行う際、プトゥンはサムッチャヤのチベット語訳に当たるkun las btus paをkun las とbtus paの二つに分解し、符牒的な接頭辞であるkun lasを、字義通り「すべてから」と解釈して、直前のchos mgnon pa（アビダルマのチベット語訳）の修飾語としている。またbtus paを「集成」という名詞の一部ではなく、「集められた」という過去分詞のように読み替え、その直前に「精髄（snying po）」という単語を補うことで、「すべてのアビダルマから集められた精髄」と解釈し直している。この解釈に従えば、『阿毘達磨集論』の題名の中にあるアビダルマは、「十万頌アビダルマ」（『婆娑論』？）のような論書を指していることになる。そのためにプトゥンは、論書としてのアビダルマの説明から始めることになったと考えられる。

ただし、この解釈もプトゥンの独創によるものではなく、インド撰述の注釈に基づいていると考えられる。ASBh §205（p.156）: **samantād**

uccayatām upādāyābhidharmasūtrataḥ sarvacintāsthānasaṃgrahād ity arthaḥ/（「**全体（samanta）から、集める（*uccaya*）ことによって（というのが、第二の理由である）**。」『阿毘達磨経』から、すべての内省の場をまとめることによって、という意味である。）

15　参照元：http://www.l.u-tokyo.ac.jp/~tib_asbh/ASBh/xml/ASBh_bcom_ldan_2.xml

16　『倶舎論』では、「無漏にして、五蘊を伴うものがアビダルマであると説かれたことになる」と読めるが、そのチベット語訳は「無漏の五蘊に対してアビダルマと説かれたことになる」と訳している（注7参照）。チョムデン・リクレルが、無漏の五蘊そのものを定義対象と考えているのは、チベット語訳に基づいているためであろう。

17　MSA chap.11, v. 3cd（p.54）: abhimukhato 'bhīkṣaṇyād abhibhavagatito 'bhidharmaś ca // P phi 176v7-8:

18　語順がほかのテキストと異なる。

19　MSA p.54, l.15: abhimukhato 'thābhīkṣṇyād abhibhavagatito 'bhidharmaś ca//（chap.11, v.3cd）（mngon du'i phyir dang yang yang dang// zil gnon rtogs phyir mngon pa'i chos//（P phi 176v5, D phi 13r5）

20　AKBh p.2, l.19: nirvacanaṃ tu svalakṣaṇadhāraṇād dharmaḥ/（P gu 28v6, D ku 27r6-7: nges pa'i tshigs tu rang gi mtshan nyid 'dzin pa'i[1] chos te/）

1）pa'i P; pa'i phyir D

21　AKBh p.3, l.17: sāsravānāsravā dharmāḥ/（chap.1, v.4ab）（P gu 29r6, D ku 27v7: zag bcas zag pa med chos rnams）

22　プトゥンの文章にあるrtsa bzhinの意味はよく分からない。チベット語訳『大乗荘厳経論釈』の対応する個所は、zil gyis gnon pa'i chos ni[1] mngon pa ste/ brtsad pa dang **brtsad pa'i gzhi** la sogs pas phas kyi rgol ba zil gyis gnon pa'i phyir ro//（P phi 177r2, D phi 65r1-2）（制圧する法はアビ

ダルマである。論争と論争の主題などによって異論を制圧するからである。）とあるので、rtsa bzhin はbrtsad pa'i gzhiの誤伝と思われる。

1） ni P; ni/ chos D

23 以上は、『大乗荘厳経論釈』の内容を踏まえている。MSABh p.54, l.18–23、および、そのチベット語訳（P phi 176v7-177r3, D phi 164v6-165r2）参照。

24 *Tattvārthā*（P to 23r5-6, D tho 18v3-4）:bsgom pa las byung ba na phung po lnga ba[1] ste/[2] nyer bsdogs dang bsam gtan dang bsam gtan khyad par can rnams na bsam gtan gyi sdom pa yod pa'i phyir ro// nyer bsdogs rnams dang gzugs med pa rnams na ni phung po bzhi pa'o//（修所成に関して、五蘊を伴うものである。未至定と静慮と中間静慮において、静慮律義があるので。未至と無色（界）においては、四蘊である。）

1） ba P; bo D　2） / P; om. D

Sphuṭārthā p.9,3–5: bhāvanāmayī cārūpyāvacarī catuḥskandhako 'bhidharmaḥ anuparivartakarūpābhāvāt. rūpāvacarī tu dhyānasaṃvarasadbhāvāt paṃcaskandhako 'bhidharmaḥ.（また、修所成の（智慧）は、無色（界）の領域に属するものであり、四蘊を伴うアビダルマである。付き従ってくる色がないので。一方、色（界）の領域に属する（智慧）は、（無表色である）禅定による抑制（静慮律義）があるので、五蘊を伴うものである。）

25 AKBh p.2, v.2:

prajñāmalā sānucarābhidharmaḥ/

tatprāptaye yāpi ca yac ca śāstram/

謝辞：執筆にあたり、東京大学文学部助教の一色大悟博士から貴重なご意見をいただきました。ここに感謝申し上げます。

Chapter 2

Hidden Intentions (*abhisaṃdhi*) in the *Abhidharmasamuccaya* and Other Yogācāra Treatises

Achim Bayer

1. Hidden Intentions: From Graded Discourses to the *Saṃdhinirmocana*

As a technical term, *abhisaṃdhi* is used in the Abhidharma exposition of *karman* doctrine as well as in Buddhist hermeneutics. In the context of *karman*, *abhisaṃdhi* refers to the motive or aim of an action, whereas in hermeneutics, it refers to the hidden motive underlying the literal meaning of a text.[1] As "hidden motive" or "intended meaning," *abhisaṃdhi* is basically synonymous with *saṃdhi*, the term used in the title of the *Saṃdhinirmocana-sūtra*. Thus, the title of this pivotal *sūtra*, *Unraveling* [*nir-* √ *muc*] *the Hidden Intention* suggests that the concept of *saṃdhi* (or *abhisaṃdhi*) plays a central role in *Yogācāra* discourse, though this is occasionally overlooked in research on Yogācāra *śāstra* literature.

2. Precursors of Yogācāra *abhisaṃdhi*

The idea that certain *sūtras* were taught with a hidden or ulterior aim was not invented by the Yogācāra tradition. As early as the Pāli *suttas*, it was assumed that the Buddha spoke to laypeople in the form of a "graded (or successive) narration" (*anupubbikathā*, 次第説法) when he recommended striving for a good rebirth in the heavens (*svagga*), leaving *nibbāna* unmentioned.[2] Similarly, in a well-known parable in the *Lotus Sūtra*, the three *yānas* are depicted as toy carts with which disciples are gently lured into following the *ekayāna*.[3]

3. Hidden Intentions in Yogācāra Treatises

In the *Saṃdhinirmocana-sūtra*, the narrative of turning the Three Dharma Wheels appropriates a trope from the *Aṣṭasāhasrikā-prajñāpāramitā*, in which this new type of *sūtra* (of the Prajñāpāramitā genre) is designated as a Second Dharma Wheel.[4] These teachings are now surpassed by the *Saṃdhinirmocana*, the Third Dharma Wheel.

While the narrative appears as a *post festum* report of how the *sūtras* were taught, it also seems to represent a guideline that authors of the Yogācāra tradition actively followed when composing *śāstra* literature. The most obvious examples of this strategy are probably Vasubandhu's *Abhidharmakośa*, *Abhidharmakośa-bhāṣya*, and *Karmasiddhi*. In the first treatise, Vasubandhu outlines Sarvāstivāda doctrine, while in the *bhāṣya*, he presents his version of "Sautrāntika," marked by an effective critique of Sarvāstivāda and an undeclared closeness to the *Yogācārabhūmi*.[5] One would assume that the term "Sautrāntika" suggests reliance on traditional, pre-Mahāyāna *sūtras*, as different from reliance on the *śāstras* of Sarvāstivāda Abhidharma. Still, it is only in the *Karmasiddhi* that Vasubandhu makes the surprising revelation that the *Saṃdhinirmocana-sūtra* is among the *sūtras* followed by the "Sautrāntikas."[6] According to Vasubandhu, neither the Sarvāstivāda nor other traditions could solve to the problem of karmic continuity convincingly. The solution, namely the *ālayavijñāna* (or, *ādānavijñāna*), is provided in the *Saṃdhinirmocana-sūtra*.

4. The *ālayavijñāna* in the *Yogācārabhūmi* and the *Abhidharmasamuccaya*

Although the structure of the *Yogācārabhūmi* poses a complex problem beyond the scope of the current paper, it can be proposed that two extensive parts of this text correspond to the First and Second Dharma Wheels respectively, namely the *Śrāvakabhūmi* and the *Bodhisattvabhūmi*. The *Bodhisattvabhūmi* seems to be addressed to followers (quite surely in Nāgārjuna's tradition) of the *Prajñāpāramitā-sūtras* and contains a spirited critique of the theory that everything is mere designation (*prajñapti-mātra*). According to the *Bodhisattvabhūmi*, if *prajñapti* has no basis at all, it follows that *prajñapti* itself must be nonexistent. An overemphasis on *prajñapti-mātra*, the author holds, results from a fundamental misunderstanding of the profound (*Prajñāpāramitā-*) *sūtra*s that teach emptiness. They are not meant to be taken literally but have been taught with a specific (underlying) intended meaning (*ābhiprāyikārtha-nirūpita*).[7]

Unsurprisingly, the *ālayavijñāna* is not mentioned in either the *Śrāvakabhūmi* or the *Bodhisattvabhūmi*. It is mentioned, though somewhat haphazardly (and in fact rather rarely), in other sections of the *Yogācārabhūmi* .[8] This state of affairs partly resembles the situation that we encounter in the *Abhidharmasamuccaya*: here, the term *ālayavijñāna* occurs no more than seven times, and in the later sections of the text, it does not appear at all. In fact, all seven occurrences are limited to the first section, an introduction to the five *skandhas* titled *Lakṣaṇa-samuccaya*. Notably, the author makes no effort to hide the innovative and contested concept of *ālayavijñāna* in this section. It appears openly, near the beginning of the text, in a passage that states that the seeds of physical sense faculties are stored in the *ālayavijñāna* (which implies that matter can arise from mind).[9] This part of the *Abhidharmasamuccaya* is obviously based on a strikingly similar passage in the very beginning of the *Yogācārabhūmi* .[10]

In the case of the *Yogācārabhūmi*, it is rather easy to explain why the *ālayavijñāna* is mentioned in the beginning of the text despite its absence in later parts, an absence that would seem unreasonable if there was any intention to "hide" the *ālayavijñāna*: it seems that the *Śrāvakabhūmi* and the *Bodhisattvabhūmi* were compiled based on older materials and directed at audiences that did not yet accept the *ālayavijñāna*.

In the case of the *Abhidharmasamuccaya*, the situation is more complicated. Still, it can be observed that its first part, the *Lakṣaṇa-samuccaya*, which mentions the *ālayavijñāna*, provides an introduction to Buddhist doctrine by means of the five *skandhas*, while the second part, the *Satya-viniścaya*, though similarly an introductory text, follows the pattern of the Four Noble Truths. Both patterns, the five *skandhas* and the Four Noble Truths, are common patterns for introducing beginners to Buddhist doctrine, and the *Satya-vinścaya* does not presuppose mastery of the *Lakṣaṇa-samuccaya* in any way. In fact, in the *Saṃdhinirmocana* narrative, the Buddha began teaching the First Dharma Wheel by means of the Four Noble Truths, the pattern that we find in the *Satya-viniścaya*.

Notably, the *Satya-viniścaya* includes an explanation of *karman* doctrine in which the *ālayavijñāna* is not mentioned, which would be highly unusual if the *Satya-viniścaya* were a straightforward introduction to the Yogācāra system. I have therefore proposed hypothetically that the *Lakṣaṇa-samuccaya* and the *Satya-viniścaya* might have been addressed to different audiences, with the *Satya-viniścaya* intended for disciples not yet ready to accept the *ālayavijñāna*.[11]

5. The Structure of the *Abhidharmasamuccaya*

The diverse sections of the *Abhidharmasamuccaya* cover a broad range of topics, and the relationships among them, as well as the logic of their arrangement, are not immediately obvious. Could they contain a pattern similar to the turnings of the three Dharma Wheels, in which the disciple is guided from Śrāvaka doctrines to the *prajñāpāramitā* and ultimately to Yogācāra doctrines? If we disregard the *Lakṣaṇa-samuccaya* (the first section) for the time being, we can observe that the

Satya-vinścaya (the second section) is mostly based on *āgama* quotations and does not mention any Māhāyana *sūtras*. Although this section contains several doctrines that can be called Mahāyānistic, they may not reveal themselves as such to the beginning student. The Mahāyāna is treated the in the *Vaipulya* section, a later part of the *Abhidharmasamuccaya*. In this section, even the (relatively late) *trikāya* doctrine is mentioned towards the end.[12] However, the sections in the later part of the *Abhidharmasamuccaya* deal with a broad range of topics, and although the text seems to advance from the Four Noble Truths to *abhisaṃdhi*, it is not a wholly linear progression.

6. The *abhisaṃdhi* section in the *Abhidharmasamuccaya*

Rather inconspicuously, the final section of the *Abhidharmasamuccaya*, dealing with teaching and debate, ends in a subsection on hidden intentions (*abhisaṃdhi*).[13] In so far as this section focuses on the method for presenting Buddhist doctrines (rather than the doctrines themselves), it shares a common theme with the *Saṃdhinirmocana*, which is partly a *sūtra* about *sūtras*, arranging earlier texts into the pattern of the Three Dharma Wheels. Still, while the narrative of the Three Dharma Wheels culminates in the "unraveling" of the hidden intention behind the first and second Dharma Wheels, the *Abhidharmasamuccaya* contains no explanation why the section on *abhisaṃdhi* has been placed in the prominent final position, or whether any doctrines (such as the *trilakṣaṇa*) have been "intended" but not mentioned within the *Abhidharmasamuccaya* itself.

In this passage, just as in many others, the use of *abhisaṃdhi* by Yogācāra authors aggravates the difficult task of tracing the development of Yogācāra thought. Thus, we find no evidence whether the *abhisaṃdhi* section has been placed at the end of the *Abhidharmasamuccaya* with a specific intention (such as providing a link to *Mahāyāna-saṃgraha*, where the *trilakṣaṇa* model would be revealed), or whether it has been placed there by mere accident. The usage of *abhisaṃdhi* might also explain the difficulties in tracing developments in the thought of Vasubandhu, Dignāga, and Dharmakīrti, all of whom probably considered the *Mahāyāna-saṃgraha* as authoritative.

Research on Yogācāra has to take these difficulties into account. This may not be easy to accept, but we may remember that the First Dharma Wheel begins with the *duḥkhasatya*: acknowledging difficulties can be the first step toward overcoming them.

▶Notes

1 These uses of *abhisaṃdhi* are discussed in Bayer 2010:304.

2 See Buswell and Lopez 2014, s.v. *anupubbikathā*.

3 On the interpretation of *ekayāna* in the *Saṃdhinirmocana*, see Schmithausen 1973:129.

4 See D'Amato 2012:3f.

5 See Kritzer 2005:xxvi–xxx. Note also Schmithausen 2014:677.

6 See Bayer 2017:247.

7 See Wogihara 1930–36:46, Eckel 2008:65.

8 See Schmithausen 1987,I:109f., Brunnhölzl 2018,I:452, n. 226.

9 See Bayer 2010:19, 2012:211.

10 See Schmithausen 1987,I:110.

11 See Bayer 2012:219f.

12 See Bayer 2010:18,22 on *trikāya*. See also *ibid.*, pp. 62–66 for the structure of the AS.

13 See Li 2014:204f., corresponding to Pradhan 1950:106,19–107,14. On the use of Pradhan's work for reference, see Bayer 2010:120.

▶Bibliography

- Bayer, Achim. 2010. *The Theory of* karman *in the* Abhidharmasamuccaya. Tōkyō: International Institute for Buddhist Studies.
- ___. 2012. "Gateway to the Mahāyāna: Scholastic Tenets and Rhetorical Strategies in the *Abhidharmasamuccaya*." *Indo-Iranian Journal* 55.3: 201–222.
- ___. 2017. "Paving the Great Way: Vasubandhu's Unifying Buddhist Philosophy, by Jonathan C. Gold." Book review. *International Journal of Buddhist Thought and Culture* 27.1: 241–250.
- Brunnhölzl, Karl. 2018. *A Compendium of the Mahāyāna: Asaṅga's Mahāyānasaṃgraha and its Indian and Tibetan Commentaries*. 3 vols. Boulder: Snow Lion.
- Buswell, Robert E., Jr., and Donald S. Lopez, Jr. 2014. *The Princeton Dictionary of Buddhism*. Princeton: Princeton University Press.
- D'Amato, Mario. 2012. *Maitreya's Distinguishing the Middle from the Extremes (Madhyāntavibhāga) Along with Vasubandhu's Commentary (Madhyāntavibhāga-bhāṣya)*. New York: American Institute of Buddhist Studies.
- Eckel, Malcolm David, 2008. *Bhāviveka and His Buddhist Opponents*. Cambridge: Department of Sanskrit and Indian Studies, Harvard University.
- Kritzer, Robert. 2005. *Vasubandhu and the Yogācārabhūmi: Yogācāra Elements in the Abhidharmakośabhāṣya*. Tōkyō: International Institute for Buddhist

Studies.

- Li, Xuezhu. 2014. "Diplomatic Transcription of Newly Available Leaves from Asaṅga's *Abhidharmasamuccaya*: Folios 29, 33, 39, 43, 44." *ARIRIAB* 27: 195–205.
- Pradhan, Pralhad. 1950. *Abhidharma Samuccaya of Asaṅga*. Edition and retranslation. Santiketan: Visva-Bharati.
- Schmithausen, Lambert. 1973. "Zu D. Seyfort Rueggs Buch 'La théorie du *tathāgatagarbha* et du *gotra*.'" Review article. *Wiener Zeitschrift für die Kunde Südasiens* 17: 123–160.
- ____. 1987. *Ālayavijñāna: On the Origin and Early Development of a Central Concept of Yogācāra Philosophy*. 2 vols. Tōkyō: International Institute for Buddhist Studies, 1987.
- ____. 2014. *The Genesis of Yogācāra-Vijñānavāda: Responses and Reflections.* Tōkyō: International Institute for Buddhist Studies.
- Wogihara, Unrai (荻原 雲来). 1930–1936. *Bodhisattvabhūmi: A Statement of the Whole Course of the Bodhisattva (Being Fifteenth Section of the Yogācārabhūmi).* Tōkyō: [s.n.]

(This research was supported by the Academy of Korean Studies' grant AKS-2012-AAZ-104, funded by the Ministry of Education, Science and Technology, Republic of Korea. I am indebted to Antonio Ferreira-Jardim, Ralf Kramer, Robert Kritzer, and Lambert Schmithausen for their invaluable remarks.)

Key words

Abhidharmasamuccaya, Yogācārabhūmi, Yogācāra, Vasubandhu, abhisaṃdhi

Chapter 3

ションヌ・チャンチュプ『阿毘達磨集論』註釈の思想史上の位置づけ

彭毛才旦

0. 問題の所在

『カダム全集』第40巻に収録されるションヌ・チャンチュプ（Gzhon nu byang chub, 生没年不明）[1]の『阿毘達磨集論釈・一切所知明灯論』（*Mngon pa kun las btus pa'i ti ka shes bya thams cad gsal bar byed pa'i sgron ma*, 以下『明灯論』）は、アサンガ（Asaṅga：ca. 400–480）作『阿毘達磨集論』（*Abhidharmasamuccaya*）を解釈しながら、ションヌ・チャンチュプ以前のチベットにおける解釈を批判した著作であり、初期カダム派における『阿毘達磨集論』受容を解明する上で極めて重要な註釈書である。

ションヌ・チャンチュプの『明灯論』は『カダム全集』に収録される他の『阿毘達磨集論』註釈に比べて、仏教全体の視点から『阿毘達磨集論』を理解しているという点で特徴的である。彼は最初に仏教史の概要を記述し、次に仏教学説を概説し、最後に唯識派に帰せられる『阿毘達磨集論』を唯識説の立場から解釈するという順で本書を著述している。

ションヌ・チャンチュプの仏教学説理解において、特に注目されるのは中観派分類の問題である。本論文では、これまで全く知られていなかったションヌ・チャンチュプの中観派分類の問題に着目し、チョムデン・リクレル（Bcom ldan rigs ral：1228–1305）などの他のカダム派の中観文献や、後代のサキャ派シャーキャ・チョクデン（Shākya mchog ldan：1428–1507）の『中観決択』（*Dbu ma rnam nges*）と比較しながら、『明灯論』のチベット仏教思想史上の重要性を明らかにする。

1. ションヌ・チャンチュプによる中観派分類

▶1.1. 根本教説を説く中観派

ションヌ・チャンチュプは、中観派の祖師ナーガールジュナ（Nāgārjuna：

ca. 150–250）とアーリアデーヴァ（Āryadeva：ca. 170–270）を gzhung phyi mo'i dbu ma pa「根本教説を〔説く〕中観派」と呼び、また同じ用語を用いて、彼らが著した論書を gzhung phyi mo'i dbu ma pa「根本教説を〔説く〕中観論書」と呼ぶこともある。彼は『明灯論』で次のように述べている。

> 概して中観論書には「根本教説を説く中観論書」（gzhung phyi mo［'i dbu ma pa］）と「特定の立場を取る中観論書」（phyogs 'dzin pa'i dbu ma）の二つがある。第一（根本教説を説く中観論書）はナーガールジュナの『根本中頌』などである。[2]

ションヌ・チャンチュプは中観論書を「根本教説を説く中観論書」と「特定の立場を取る中観論書」の二つに分類し、その内、前者はナーガールジュナの『根本中頌』などを指すと述べている。なお「根本教説」という呼称の根拠について、ションヌ・チャンチュプは何も説明していないが、ツォンカパの『善説心髄』（*Legs bshad snying po*）に次の説明が見られる。

> この軌範師（ナーガールジュナ）に従う者の内で主要な〔者〕はアーリアデーヴァである。彼は『瑜伽行四百論』において軌範師のこの説を詳しく説明している。ブッダパーリタ、バーヴィヴェーカ、チャンドラキールティ、シャーンタラクシタなどの大中観〔論師〕達もまた軌範師（ナーガールジュナ）と同じく信頼すべき根拠としている。それ故に、〔この〕二人の軌範師（ナーガールジュナとアーリアデーヴァ）の教説を『根本教説』（gzhung phyi mo）と以前の〔論師〕達は呼んでいる。[3]

このようにツォンカパによれば、ブッダパーリタ、バーヴィヴェーカ、チャンドラキールティなどが等しく信頼を置いている教説であることから、ナーガールジュナとアーリアデーヴァの教説を「根本教説」と呼称する。[4]

ツォンカパは「以前の論師達」(snga rabs pa rnams) という表現によって、ションヌ・チャンチュプを含む初期カダム派の学者達を念頭に置いていると考えられる。[5]

▶1.2. 特定の立場を取る中観派

次に、ナーガールジュナ、アーリアデーヴァ以降の中観派は「特定の立場を取る中観派」(phyogs 'dzin pa'i dbu ma [pa]) と呼ばれる。その分類についてチベットの学僧達の見解は様々である。以下ではションヌ・チャンチュプの見解を見ることにしたい。『明灯論』ではまず次のように説かれる。

> また、第二 (特定の立場を取る中観派) には [1] 世俗諦に関して特定の立場を取る中観派と、[2] 勝義諦に関して特定の立場を取る中観派とがある。[6]

さらに、ションヌ・チャンチュプは「世俗諦に関して特定の立場を取る中観派」を次のように細分類する(写本に書き込まれた割註を{ }内に示す)。

> 第一 (世俗諦に関して特定の立場を取る中観派) には、[1-1] 外界対象は存在すると論じる学派と、[1-2] 外界対象は存在しないと論じる学派とがある。
> 第一 (外界対象は存在すると論じる学派) には、[1-1-1] 毘婆沙師 {ジュニャーナガルバ} と [1-1-2] 経量部の二つがある。第二 (外界対象は存在しないと論じる学派) には、[1-2-1] 形象真実派 {シャーンタラクシタ} と [1-2-2] 形象虚偽派の二つがある。[7]

中観派を外界対象の承認と非承認の観点から二つに分類するという考えは、初期カダム派から後代のゲルク派まで、チベットの学説綱要書に広く見られるものである。[8] 例えばバーヴィヴェーカは、世俗諦の観点では経量部と同じく外界対象を承認するので「経量行中観自立論証派」、シャーンタラクシタは、世俗諦の観点でも外界対象を承認しないので「瑜伽行中観自立論証派」と呼ばれる。[9] この分類法は後代になるとシャーキャ・チョクデンによって批判されることになるが、少なくとも8世紀のイェシェーデ（Ye shes sde）まで遡ることができる。イェシェーデは『見解の区別』（*Lta ba'i khyad par*）において次のように述べている。

> アーチャーリア・ナーガールジュナが『〔根本〕中頌』（*Mūlamadhyamakakārikā*）を著し、その註釈書として〔バヴィアが〕『般若灯論』（*Prajñāpradīpa*）と『中観心論』（*Madhyamakahṛdaya*）を著した。中期に親教師（mkhan po, *upādhyāya）シャーンタラクシタという者は、アーチャーリア・アサンガが作った唯識を説く論書に依拠し、世俗の観点ではその学説体系に従って〔一切は〕唯識であると確立し、勝義の観点では識さえも無自性であると説く中観論書『中観荘厳論』を著した。こうして少しずつ異なる二つの中観の学術体系（bstan bcos, *śāstra）が現れた。そのため、アーチャーリア・バヴィア（Bhavya）が創始した〔学術体系〕は経量中観（mdo sde ba'i dbu ma）と名付けられ、アーチャーリア・シャーンタラクシタが創始した〔学術体系〕は瑜伽行中観（rnal 'byor spyod pa'i dbu ma）と名づけられた。[10]

ここから読み取れるのは、ナーガールジュナの『根本中頌』を解釈する際にバーヴィヴェーカは経量部と同じように世俗の観点では外界対象を承認したが、シャーンタラクシタは外界対象を承認せず、「世俗においては心のみが存在し、勝義においては心も無自性である」と主張し、これをもって経量中観と瑜伽行中観という二つの体系が現れたということである。カダム派・ゲルク派が外界対象の承認と非承認の観点から自立論証派を経量行中観派と瑜伽行中観派の二派に分類した根拠も、イェシェーデのこの言明にあると言える。しかし、ここで問題は、ションヌ・チャンチュプが、バーヴィヴェーカのように外界対象は存在すると論じる学派の中に[1-1-1]「毘婆沙師」と[1-1-2]「経量部」の二派があると説明していた点にある。

『見解の区別』の記述に基づいて考えると、ションヌ・チャンチュプが「経量部」という表現によって意図しているのは、世俗の措定をおおむね経量部と同じように説明する経量中観派のことであり、さらにそこから類推すれば、彼が「毘婆沙師」という表現によって意図しているのは、世俗の措定をおおむね毘婆沙師と同じように説明する中観派ということになるであろう。しかし、世俗を毘婆沙師と同じように説明する中観派がインド仏教史上に存在していたのであろうか。

ここで注目したいのは、チャンドラキールティの『入中論註』(*Madhyamakāvatārabhāṣya*)である。チャンドラキールティは自身の学説の独自性を主張する箇所で、次のように述べる。

> さらに、ある者達は「毘婆沙師が勝義と論じるまさにそれを中観派は世俗であると論じる」と考えるが、彼らは中観論書(『根本中頌』)の真実を理解していない者達に他ならない。なぜなら、出世間法が世間法と共通するというのは不合理であるからである。この〔『入中論』の〕学説は独自のものであると諸学者は確定するべきである。[11]

毘婆沙師が勝義有として認めるのは、色や受などのように、分解・分析を加えてもそれに関する知が決してなくならないものである。[12] その勝義有を中観派は世俗として認めるのだという解釈が存在していたが、チャンドラキールティは、毘婆沙師によって説かれる世間法は中観派の出世間法と共通しないものであると考え、その解釈を批判している。以上の記述は、毘婆沙師の見解を世俗の観点から承認する中観派が存在していたことを示唆するものである。[13]

次に、ションヌ・チャンチュブが勝義の観点から中観派をどのように分類しているかを見て行きたい。彼は『明灯論』で次のように述べる。

> ［2］勝義諦に関して特定の立場を取る中観派には二つある。すなわち、［2-1］帰謬論証派と［2-2］自立論証派である。[14]

チベットで最も良く知られたこの分類について、ションヌ・チャンチュブは以下のように説明する。

> ［2］勝義諦に関して特定の立場を取る中観派には二つある。すなわち、［2-1］帰謬論証派と［2-2］自立論証派である
> ［2-1］第一（帰謬論証派）は、真実を認識する知覚と推理というプラマーナを承認せず、その〔推理の〕要因である三相〔を備える証因〕なども承認せずに、矛盾指摘型の帰謬と他者是認事項による帰謬のみによって、他学派の主張を否定する者である。〔具体例は〕軌範師チャンドラキールティなどである。
> ［2-2］自立論証派は真実を認識するプラマーナを承認しない者である。さらに、それ（自立論証派）には［2-2-1］如幻派（sgyu ma lta bu）と［2-2-2］無住派（rab tu mi gnas pa）の〔二つ〕がある。[15]

「中観派は真実を認識するプラマーナ（知覚・推理）を承認しない」という見解は実際にインドに存在していたのであろう。例えばアティシャ（Atiśa：982–1054）の『入二諦論』（*Satyadvayāvatāra*）にこの見解が示されている。[16] しかし、上記のように、プラマーナの承認・非承認という観点から中観派を自立論証派と帰謬論証派の二派に区分するという見解はションヌ・チャンチュプに独自のものである。

ここで興味を引くのは、［2-2-1］如幻派（sgyu ma lta bu）と［2-2-2］無住派（rab tu mi gnas pa）という二派の区分である。従来の資料においても、如幻派と無住派の区分は勝義に関する考え方（don dam 'dod tshul）に基づくものであることが知られていたが[17]、ションヌ・チャンチュプによればこれは自立論証派の下位分類である。以下では、この二派の相違について検討する。

▶1.3. 如幻派と無住派の理解

チベットにおいて、中観派を如幻派と無住派の二つに区分する学者がいたことはゴク・ロデンシェーラプ（Rngog blo ldan shes rab：1059–1109）の『書簡・甘露の滴』（*Springs yig bdud rtsi'i thig le*）の批判的言及によって知られる。[18]

当時のチベット人学者がこの分類法を認めていた根拠は、アシュヴァゴーシャ（Aśvaghoṣa：ca. 80–150）作『勝義菩提心修習次第書』（*Paramārthabodhicittabhāvanākramavarṇasaṁgraha*）にあることが既に小林［1993］によって指摘されている。また、ゴク・ロデンシェーラプが如幻派と無住派の分類を認めないのに対し、サキャ派のタクツァン・ロツァーワ（Stag tshang lo tsā ba：1405–1477）が『勝義菩提心修習次第書』を部分的に引用してゴクを批判していることからも、この分類法の出典はアシュヴァゴーシャの作品に見出されることがはっきりしている。[19]

なお、如幻派と無住派の区分をめぐる論争は、その後のサキャ派でも続いている。コラムパ・ソナムセンゲ（Go ram pa bsod nams seng ge：1429–1480）は、如幻派と無住派という区分が学派的な区分ではなく、二諦証得の次第に関する区分であると考え、独自の見解を示している。[20]

ここから、従来知られていなかったションヌ・チャンチュプの理解を見ることにする。彼は『明灯論』で次のように述べている。

> ［2-2-1］第一（如幻派）は、実在としての存在（bden par yod pa）という戯論の対象（spros pa）を排除した後、〔諸存在は〕無自性として論理知（rigs shes）[21]によって認識されると認める。［2-2-2］無住派はこのようなことを認めない。なぜならば、如何なる辺にも安住しないからである。
>
> さらに、同派には［2-2-2-1］顕現を排除しない学説と［2-2-2-2］顕現を排除する学説の〔二つがある。〕
>
> ［2-2-2-1］〔顕現を〕排除しない〔学説〕では、論理知に属性保持者である色などが顕現すると認められる。もし知に属性保持者が顕現しないならば、論理知は属性保持者のこの顕現に関して増益を断除しないことになる〔からである〕。例えば、音声が顕現しない眼識は〔音声に関する増益を〕断除しないように。以上をジョツン（Jo btsun）の追随者が認める。
>
> ［2-2-2-2］〔顕現を〕排除する〔学説〕にも二つある。［2-2-2-2-1］属性保持者のこの顕現は否定されるべき対象であるから〔それは〕顕現しないと主張する者はギャ・ユンテン・センゲ（Rgya yon tan seng ge）などである。［2-2-2-2-2］〔属性保持者は〕論理知の否定対象ではないが、論理知の対象ではないことを理由に〔それは〕顕現しない —— 例えば音声は眼識の否定対象ではないが、眼識の対象ではないゆえに顕現

> しないように —— と主張する者はカンパ（Gangs pa）などである。もしそうではなくて、論理知に属性保持者が顕現するならば、属性保持者の顕現が論理によって成立することになる。なぜならば、論理の対象として実在するからであると〔カンパなどは〕言う。」相互排除による存立を特徴とする諸法のいずれか一方の否定は，他方の肯定なしには成立しないので，二者いずれでもない立場を構想することは論理的ではない。[22]

以上のションヌ・チャンチュプの『明灯論』の文章によって、先行研究にはない新たな情報が得られる。第一に、ションヌ・チャンチュプは無住派の主張の担い手を特定し、「ジョツェンの追随者」と称される者達、ギャ・ユンテン・センゲ、カンパなどといった人物の名前を挙げている。いずれもインド人論師ではなく、おそらくチベット人学者であろう。

第二に、ションヌ・チャンチュプは無住派の主張を細分化し、詳しく記述している。彼によると、論理知による「戯論の対象の排除」と「無自性性の認識」を認めない無住派の中に、色などの属性保持者の顕現を認める派と、認めない派が存在する。顕現を認めるのはジョツェンの追随者である。彼らは「論理知による顕現に関する増益の断除」が不可欠と考えるからである。さらに、属性保持者の顕現を認めない派は、論理知に色などの否定対象が顕現するか否かという観点から、二つに細区分される。

如幻派と無住派に関するションヌ・チャンチュプの理解は、興味深いことに、後のツォンカパの理解と大きく異なっている。ションヌ・チャンチュプによれば、如幻派とは「論理知による無自性の認識」を唱える学派、無住派とはそのような認識を認めない学派であるが、ツォンカパは『菩提次第大論』（*Lam rim chen mo*）で次のように述べている。

勝義に関する主張内容の点から名付けられた〔中観派は〕二つある。〔第一は〕顕現と空の二つの集合体（snang stong gnyis tshogs）を勝義として認める如幻派であり、〔第二は〕顕現における戯論の排除のみ（snang ba la spros pa rnam par bcad pa tsam）を勝義として認める無住派である。ある主題（gzhi）を虚偽（brdzun pa），すなわち，欺くものとして確定した（yongs su bcad）場合，欺かないもの，すなわち，真実であることが必ず排除される（rnam par gcad）ので，欺く性質と欺かない性質は相互排除による存立を特徴とする直接対立物である。[23]

以上は「昔のチベットのある善知識」（snga rabs pa'i dge ba'i bshes gnyen kha cig）の見解である。彼によれば、顕現と空の集合体を勝義として承認する学派は如幻派であり、単なる戯論の排除という絶対否定を勝義として承認する学派は無住派である。ションヌ・チャンチュプにおける如幻派と無住派の理解と大きく相違している。『明灯論』の記述は、この二派に対する従来の理解を再検討する上で重要な資料となる。

2. チョムデン・リクレル等による中観派分類

さて、次にションヌ・チャンチュプの中観派分類の意味を探るために、同じカダム派や後代のサキャ派の見解との比較を行なう。

ションヌ・チャンチュプの詳細な議論に比べて、チョムデン・リクレルの『学説荘厳』（*Grub mtha' rgyan*）、ウパ・ロセル・ツォーペー・センゲ（Dbus pa blo gsal rtsod pa'i seng ge：ca. 13th cent.）の『ロセル学説綱要書』（*Blo gsal grub mtha'*）、ツンパ・パクパ（Btsun pa 'phags pa, 生没年不明）の『学説大海』（*Grub mtha' rgya mtsho*）に見られる中観派分類は単純である。彼らによる中観派分類は次のようになる。

1. 経量行中観派（mdo sde spyod pa'i dbu ma pa）

2. 瑜伽行中観派（rnal 'byor spyod pa'i dbu ma pa）

3. 世間極成行中観派（'jig rten grags sde spyod pa'i dbu ma pa）

第一と第二に属する学者はそれぞれバーヴィヴェーカとシャーンタラクシタであり、想定される学派名の語義解釈もションヌ・チャンチュプと全く同じである。「世間極成行中観派」という表現は、シャーキャ・チョクデンの著作にも現れるが[24]、彼は中観派の論師達の間に思想的な相違を認めないので、この分類法は無効であると考える。

チョムデン・リクレルは世間極成行中観派の説と、その担い手について次のように述べている。

軌範師チャンドラキールティとジュニャーナガルバの二者は、〔世俗は知に〕顕れる限りのものであるとみなし、外界の極微と認識のいずれであるとも認めない。なぜならば、〔チャンドラキールティの〕『入中論』に

「これらの存在物を考察するならば、真実を本質とするものの此方に場を得ることはない。それゆえ、世間における言語習慣の真実に関して考察はなされるべきではない。」[25]

と説かれ、また、

「世間で確立している世俗を破壊してはならない。」[26]

と説かれ、さらに、ジュニャーナガルバの『二諦〔分別論〕』に

「〔世俗は知に〕顕れた通りの存在であるがゆえに、これ（世俗）に対して考察は起こらない。もし〔世俗を〕考察するならば、別の意味に至ることになるので、〔世俗は〕拒斥される。」[27]

と説かれるからである。この派は世俗を世間の人々と同じように論じるので「世間極成行中観派」と呼ばれる。また、顕現するものを考察しない中観派（snang ba la mi spyod pa'i dbu ma pa）であるとも言われる。[28]

ほぼ同じ記述がウパ・ロセルとツンパ・パクパの学説綱要書にも見られる。[29] チョムデン・リクレルはウパ・ロセルの師にあたるので、直接の影響関係があったと考えられる。

彼らに従えば、ジュニャーナガルバとチャンドラキールティの見解では、知に顕現するものが世俗であり、彼らはその世俗を考察しない限りにおいて、世間の人々と同じように受け入れるので「世間極成行中観派」と呼ばれる。これはションヌ・チャンチュプの『明灯論』には見られなかった説明である。ションヌ・チャンチュプのカダム派内での所属学派が、チョムデン・リクレル等のナルタン僧院系統とは異なる派であることが予想される。

3. チョムデン・リクレルとゲルク派の相違

ツォンカパは『善説真髄』において、

軌範師ジュニャーナガルバの中観解釈もまた、言語習慣において自相による成立を否定せず、外界対象が存在するという教説（tshul lugs）であり、それはこの〔軌範師バーヴィヴェーカ〕に一致すると思われる [30]

と述べる。この文章を根拠に、後のゲルク派の学僧は、ジュニャーナガルバをバーヴィヴェーカと同じく、経量行中観自立論証派に位置付ける。これがチョムデン・リクレルとゲルク派の第一の違いである。

チョムデン・リクレルとゲルク派の第二の違いは、先に述べた『二諦分別論』の「〔世俗は知に〕顕れた通りの存在であるがゆえに、これ（世俗）に対して考察は起こらない」という偈頌をどのように理解するかという点にある。チョムデン・リクレルはこの文章を字義通りに理解したに違いない。彼の理解に従えば、ジュニャーナガルバはチャンドラキールティと同じく、世俗を考察しない限りにおいて受け入れるということになる。

一方、ツォンカパはこの文章を別解釈で理解する。彼は、ジュニャーナガルバを含む自立論証派の学僧は世俗を考察した上で、措定しているというのである。しかし、上述の『二諦分別論』の偈頌の「世俗に対して考察は起こらない」という言明によれば、ジュニャーナガルバは、ツォンカパの解釈に反して、世俗に対する考察を退けているように思われる。ツォンカパ自身もこれを問題とし、『善説真髄』で次のように述べる。

> 【反論】そうであるならば、『二諦分別論』で、
>
> 「〔世俗は知に〕顕れた通りの存在であるがゆえに、これ（世俗）に対して考察は起こらない。もし〔世俗を〕考察するならば、別の意味に至ることになるので、〔世俗が〕拒斥されることになる」[31]
>
> と説かれているように、中観自立論証派の〔学者〕たちも諸世俗的なものを、論理による考察に基づいて獲得されるものとして措定されることを否定しているのではないのか。言語習慣において存在するものを、論理による考察に基づいて措定しないことがあなた（帰謬論証派）の特徴にどうしてなるのか。[32]

ジュニャーナガルバは世俗を考察して措定するということをツォンカパが主張する。しかし、上述の『二諦分別論』の偈頌に、「〔世俗は知に〕顕れた通りの存在であるがゆえに、世俗に対して考察は起こらない」と述べ

られるように、ジュニャーナガルバはツォンカパの見解とは全く逆のことを主張しているように思われる。ツォンカパもこれを問題とし、次にように述べる。

> 【答論】この〔論争〕は中観二派（自立論証派と帰謬論証派）の学説体系で如何なる考察の方式によって考察することにより、真実（de kho na）として成立するか否かを考察することになるかという区分をしない〔ことに起因する〕論争である。[33]

ツォンカパの理解によれば、帰謬論証派と自立論証派は真実を考察（dpyad pa, *vicāra）する方法が異なる。従って、以上のような反論は、帰謬論証派と自立論証派における真実の考察方法の区別を立てることによって退けられる。続けて、ツォンカパは次のように述べる。

> 自立論証派の学者たちは、言語習慣を適用する知によって色、受などを措定することができないが、拒斥を受けない感官知（gnod pa med pa'i dbang po'i shes pa）などに顕れることによって言語習慣において存在すると措定することができると認めるので、知によって措定されるか、措定されないかという時の知に関しても〔自立論証派と帰謬論証派〕に大きな違いがある。
> 以上のような知によって措定されるのではなく、法自身の側の存在様式に依拠して存在するか存在しないかなどを考察する時、真実として成立するか成立しないかを考察することになると〔自立論証派は〕認める。しかし、上述のような〔帰謬論証派の〕考察の方法だけでは〔真実を考察する〕とは認めないので、〔自立論証派は〕言語習慣において自相による成立を認める。[34]

これは自立論証派と帰謬論証派の世俗（言語習慣において認められる対象）の理解に関わるものである。帰謬論証派によれば、世俗の対象は単なる名称、すなわち、概念に過ぎず、「デーヴァダッタ」、「壺」などの言葉・概念は考察せずに受け入れられるのであって、それらの言葉・概念の適用根拠を探し求めるならば、見出されるものは全く存在しない。このような言葉・概念の適用根拠を探し求める行為こそが、ツォンカパの言う「真実の考察」に他ならない。帰謬論証派は、真実の考察の結果、世俗の対象を認めることは不可能であることから、それら世俗の対象はむしろ、そのような考察に関わらない単なる概念知によって措定されるべきであると考える。以上がツォンカパの理解する帰謬論証派の見解である。

一方、自立論証派の学者達は、単なる概念知によって世俗を措定することは不可能であるという考えから、世俗を措定するには「拒斥を受けない感官知」（blo gnod med）が必要であるとする。従って、自立論証派と帰謬論証派では、世俗を措定する「知」（blo）が異なる。では、自立論証派にとって真実の考察とはいかなるものかと言えば、

物事は拒斥を受けない感官知によって措定されず、自分自身の側から成立しているかどうかは真実の考察であるということである。従って、ツォンカパによれば、自立論証派と帰謬論証派の間には「真実の考察」の理解についても相違が見られる。

ツォンカパの視点からすれば、ジュニャーナガルバの文章に現れる「考察にしない限りにおいて受け入れる」という言明も、帰謬論証派の視点からすれば、考察して受け入れるということになってしまう。ここではチョムデン・リクレルとツォンカパ中観思想の大きな違いがあり、後述するシャーキャ・チョクデンとも異なるツォンカパ自身の独自な中観解釈も見られる。

4. シャーキャ・チョクデンによる中観派分類

▶4.1. シャーキャ・チョクデン以前の学者による中観派の分類

シャーキャ・チョクデンによる中観派分類は彼の主著『中観決択』(*Dbu ma rnam nges*)に見られる。彼は同書においてションヌ・チャンチュプやチョムデン・リクレルなどの初期カダム派と、ツォンカパなどのゲルク派の中観派分類を陳述し[35]、それを否定しながら中観思想に対する自身の説を述べている。最後に，シャーキャ・チョクデンのツォンカパ批判を見ていく。彼は『中観決択』で次のように述べる。

> 以前の軌範師達は以下のように説明する。中観派の区分法は二つある。すなわち、[1] 世俗を承認する仕方による区分法。[2] 勝義を確定する仕方による区分法〔の二つ〕である。[36]

以前のチベットの軌範師達は [1] 世俗の措定方法と [2] 勝義の確定方法という二点から中観派を分類する。

4.1.1. 世俗の措定方法

シャーキャ・チョクデンによれば、以前のチベットの軌範師達は、世俗の措定方法の観点から中観派を以下の三つに分類する。

> 世俗諦を承認した上での、それ（世俗）に関する確定事項の措定方法に関して、相異なる三〔派の区分〕がある。すなわち、[1] 世俗を経量部と同じようにして承認する経量行中観派（mdo sde spyod pa'i dbu ma pa)、[2]〔世俗を〕瑜伽行派と同じようにして承認する瑜伽行中

観派（rnal 'byor spyod pa'i dbu ma pa）、［3］世間の人々に広く知られる事柄（世間極成）をそのまま承認する世間極成行中観派（'jig rten grags sde spyod pa'i dbu ma pa）の〔三つ〕である。[37]

以前のチベットの軌範師達は中観派を次の三つに分類する。

1. 経量行中観派（mdo sde spyod pa'i dbu ma pa）
2. 瑜伽行中観派（rnal 'byor spyod pa'i dbu ma pa）
3. 世間極成行中観派（'jig rten grags sde spyod pa'i dbu ma pa）

それぞれの学派の主張内容の理解については、既に見た初期カダム派と全く同じである。[38] シャーキャ・チョクデンはこの分類法を認める軌範師として、いかなる人物を想定しているのか明らかでないが、上述のように、シャーキャ・チョクデンに先行する初期カダム派の学僧チョムデン・リクレルとウパ・ロセル・ツォウペ・センゲ、またツンパ・パクパの著作にこれと一致する分類法が見られることは注目に値する。世俗の措定方法の観点から中観派を経量行中観派、瑜伽行中観派、世間極成行中観派の三派に区分するという考えは、ゲルク派において広く見られるものではない。[39] シャーキャ・チョクデンは、初期カダム派の学者を批判対象としている可能性を指摘することができる。

4.1.2.勝義の確定方法

第二に以前のチベットの軌範師達は、勝義の措定方法の観点から中観派を以下のように自立論証派と帰謬論証派の二つに分類する。

第二。勝義諦を確定する仕方によって区分されるものは二つのみである。すなわち、自立論証派と帰謬論証派として広く知られるものである。なお、これは勝義諦を確定する段階において自立論証因を承認するか、承認しないかという点で区分されるのであって、一般に自立論証因の規定を承認するか、承認しないかという点で区分されるのではない。また、特に確定対象である勝義諦について、深浅の違いがあるということもない。[40]

それぞれの学派に属する論師は特定されないが、バーヴィヴェーカ、ジュニャーナガルバ、シャーンタラクシタに代表されるのが自立論証派であり、ブッダパーリタ、チャンドラキールティに代表されるのが帰謬論証派であると考えて間違いないであろう。[41] この分類法はチベットで広く見られるものである。

勝義諦を確定する時、自立論証因（rang rgyud kyi gtan tshigs）に基づく論証を妥当なものとして認めるのが自立論証派であり、それを認めないのが帰謬論証派である。シャーキャ・チョクデンの説明によれば、「以前の軌範師達」の見解において、二派の相違点は自立論証因そのものを認めるか否かという点にあるのではなく、自立論証因が勝義諦の確定において有効であると認めるか否かという点にある。また、シャーキャ・チョクデンの説明によれば、彼ら軌範師達の見解において、二派による勝義諦の理解に深浅の違いはない。

4.1.3.シャーキャ・チョクデンによる中観派分類

シャーキャ・チョクデンは、

・ジュニャーナガルバの世俗諦措定法に経量部説との共通性はない。
・シャーンタラクシタの世俗諦措定法に瑜伽行派説との共通性はない。

という二点を指摘し、ションヌ・チャンチュプなどの「昔の軌範師達」(sngon gyi slob dpon rnams)の解釈を批判する[42]。シャーキャ・チョクデン自身の主張は、世俗を「考察しない限りにおいて受け入れられるべきもの」とみなす点で、自立論証派と帰謬論証派の間にいかなる違いもなく、その二派が確定する勝義諦、即ち、空性に関しても違いは全く見られないという点にある。[43]

では、中観派を分類する基準は何か。シャーキャ・チョクデンは、[1] 勝義諦を確定する論理と [2] その論理に最初に入る入口の違いによって、中観派の分類を行っている。[44] 自立論証によって勝義諦を確定する学派が自立論証派であり、帰謬論証によってそれを確定するのが帰謬論証派である。自立論証によって勝義諦を確定するという点で、ジュニャーナガルバとシャーンタラクシタの二者にいかなる違いも見られないが、勝義諦を確定する論理に最初に入る入り口は異なっているとシャーキャ・チョクデンは主張する。ジュニャーナガルバの場合は、所化を勝義諦へ導く時、最初に経量部の学説を学習させ、その次に中観学説を学習させるという方法を取る。これに対し、シャーンタラクシタの場合は、最初に経量部説、次に唯識説、最後に中観学説を学習させるという方法によって、所化を空性理解へと導く。[45]

要するに、ジュニャーナガルバとシャーンタラクシタの違いは、所化に空性を理解させるために、唯識説の学習を必要とみなすか否かという点にある。ジュニャーナガルバは勝義諦悟入において唯識説の学習を不要とするが、シャーンタラクシタはそれを必要と考える。これこそがジュニャーナガルバとシャーンタラクシタの相違点であり、それゆえ「経量行中観派」と「瑜伽行中観派」という学派的区分は無意味であるとシャーキャ・チョクデンは考えている。

5. 結論

以上、中観派分類の問題を中心に、ションヌ・チャンチュプの『明灯論』の意義を考察した。[1] ションヌ・チャンチュプは中観派を世俗諦・勝義諦に関する見解の相違によって分類し、世俗諦の観点からは毘婆沙師・経量部・形象真実派・形象虚偽派の説とそれぞれ一致する見解を説く中観派をそれぞれ区分し、勝義諦の観点からは帰謬論証派・自立論証派という区分を認める。また、自立論証派を如幻派と無住派の二つに区分し、無住派についてはさらなる細区分を認めている。[2] チョムデン・リクレル等は中観派分類を単純化して経量行中観派・瑜伽行中観派・世間極成行中観派の三派の区分のみを認め、バーヴィヴェーカ（経量行中観派）とジュニャーナガルバ（世間極成行中観派）の世俗観の違いを明確にしている。[3] 一方、シャーキャ・チョクデンは、インド中観派の論師達の間に異なった世俗諦・勝義諦解釈があるとは考えず、従来考えられてきた中観派分類の議論を根底から批判している。彼が唯一認めるのは、所化を勝義諦の理解へと導く方法の違いのみである。

三者の議論から見えてくるのは、様々な立場に立脚するインド中観派の論師達の間に、どの程度まで共通性と非共通性を見出すことが可能かという問題である。中でも、インド中観派を最も細かく分類したションヌ・チャンチュプの『明灯論』に見られる議論は、この問題を考える上で重要な視点を与えるものである。彼はおそらくナルタン僧院系統とは異なる伝統に属し、従来知られていなかった独自の立場から、インド仏教史を理解している。彼の中観解釈の典拠を明らかにする研究は今後の課題である。さらに、彼の『阿毘達磨集論』註釈上の立場や、唯識説への理解についても、今後明らかにせねばならない。

▶略語及び参考文献

インド撰述文献

AKBh *Abhidharmakośabhāṣya*. P. Pradhan, *Abhidharmakośabhāṣya of Vasubandu*. Tibetan Sanskrit Works Series vo1. 8. Patna.

MA *Madhyamakāvatāra*（Candrakīrti）：Li Xuezhu ed. "*Madhyamakāvatārakārikā* Chapter 6." Journal of Indian Philosophy 43：1–30. 2015.

MABh D *Madhyamakāvatārakārikābhāṣya*（Candrakīrti）：Tibetan Sde dge ed. Dbu ma, 'A. Tohoku No. 3862.

PBBhK *Paramārthabodhicittabhāvanākramavarṇasaṁgraha*. see 小林 1991.

SDA D *Satyadvayāvatāra*（Atiśa）：Tibetan Sde dge ed. Dbu ma A. Tohoku No. 3902.

SDV D *Satyadvayavibhaṅga*（Jñānagarbha）：Tibetan Sde dge ed. Dbu ma Sa. Tohoku No. 3881.

チベット撰述文献

Blo gsal grub mtha *Grub mtha' rnam par bshad pa'i mdzod*（Dbus pa blo gsal）. *Bka' gdams gsung 'bum phyogs bsgrigs thengs gsum pa*, vol. 89（pp. 9–261）. Chengdu：Si khron mi rigs dpe skrun khang. 2009.

Dbu ma rnam nge *Theg pa chen po dbu ma rnam par nges pa'i bang mdzod lung dang rigs pa'i rgya mtsho*（Gser mdog paṇ chen shākya mchog ldan）. *The Complete Works*（*gsuṅ 'bum*）*of Gser mdog paṇ chen shākya mchog ldan*, vol. 14. Delhi：Jayyed Press. 1988.

Grub mtha' rgya mtsho *Grub mtha' rgya mtsho'i rgyan* (Btsun pa 'phags pa'i ming can). *Bka' gdams gsung 'bum phyogs bsgrigs thengs gsum pa*, vol. 65 (pp. 475–754). Chengdu：Si khron mi rigs dpe skrun khang. 2009.

Grub mtha' rgyan *Grub mtha' rgyan gi me tog* (Bcom ldan rigs pa'i ral gri). *Bcom ldan rigs pa'i ral gri'i gsung 'bum*. vol. 5. Lhasa：khams sprul bsod nams don grub. 2006.

Grub mtha' rin phreng *Grub pa'i mtha'i rnam par bzhag pa rin po che'i phreng ba* (Dkon mchog 'jigs med dbang po). Lanzhou：Kan su'u mi rigs dpe skrun khang. 1994.

Kun btus ti ka *Chos mngon pa kun las btus pa'i ti ka shes bya thams cad gsal bar byed pa'i sgron me* (Gzhon nu byang chub). *Bka' gdams gsung 'bum phyogs bsgrigs thengs gnyis pa*, vol. 40 (pp. 17–542). Chengdu：Si khron mi rigs dpe skrun khang. 2007.

Lam rim chen mo *Khams gsum chos kyi rgyal po tsong kha pa chen pos mdzad pa'i byang chub lam gyi rim pa chen mo* (Tsong kha pa blo bzang grags pa)：Zhol ed. Pa. Tohoku No. 5392.

Legs bshad snying po *Drang ba dang nges pa'i don rnam par phye ba'i bstan bcos legs bshad snying po* (Tsong kha pa blo bzang grags pa)：Zhol ed. Pha. Tohoku No. 5396.

Lta ba'i khyad par *Lta ba'i khyad par* (Ye shes sde)：Tibetan Sde dge ed. Sna tshogs. Jo. Tohoku No. 4360.

Nges don rab gsal *Rgyal ba thams cad kyi thugs kyi dgongs pa zab mo dbu ma'i de kho na nyid spyi'i ngag gis ston pa nges don rab gsal* (Go rams pa bsod nams seng ge）. *The Collected Works of Kun mkhyen go bo rab 'byams pa bsod nams seng ge*, vol. 5. Dehar Dun：Sakya College. 1979.

Rje btsun grub mtha' *Rje btsun 'jam dpal dbyangs chos kyi rgyal mtshan gyis mdzad pa'i grub mtha'i rnam gzhag*（Rje btsun chos kyi rgyal mtshan）：*Rje btsun chos kyi rgyal mtshan gyi gsung 'bum*, vol. 1. Beijing：Krung go'i bod rig pa dpe skrun khang. 2012.

欧文・和文資料

・Bayer, Achim

2010 *The Theory of Karman in the Abhidharmasamuccaya*. Studia Philologica Buddhica Monograph Series 26. Tokyo：International Institute for Buddhist Studies of the ICPBS.

・Eckel, Malcolm David

1987 *Jñānagarba's Commentary on the Distinction between the two Truths：An Eighth Century Handbook of Madhyamaka Philosophy*, Albany：SUNY.

・Martin, Dan

2002 "Gray Traces：Tracing the Tibetan Teaching Transmission of the *Mngon pa Kun tus*（*Abhidharmasamuccaya*）through the Early Period of Disunity." In：Helmut Eimer and David Germano, eds.*The Many Canons of Tibetan Buddhism*（pp. 335–357）. Leiden：Brill.

・加納和雄

2009 「ゴク・ロデンシェーラプ著『書簡・甘露の滴』—訳注篇—」『高野山大学密教文化研究所紀要』22：121–178.

2020 「ゴク・ロデンシェーラブ作『書簡・甘露の滴』新出版本」『駒澤大学仏教学部研究紀要』78：172–145.

・小林守

1991 「Ācarya dPaḥ bo 作『勝義菩提心修習次第書』蔵訳テキスト」『インド思想における人間観』(東北大学印度学講座六十五周年記念論集) 所収 (pp. 179–200) 平楽寺書店

1993 「チベットにおける如幻中観・無住中観をめぐる論争 (1)：rNgog lo chen / Tsong kha pa / mKhas grub rje」『知の邂逅仏教と科学』(塚本啓祥教授還暦記念論文集) 所収 (pp. 473–487) 佼正出版社

・松本史朗

1981 「*lTa baḥi khyad par* における中観理解について」『曹洞宗研究員研究生研究紀要』13：93–124. 望月 海慧

2016 「ディーパンカラシュリージュニャーナ研究」(立正大学提出学位請求論文)

▶注

1 生没年は不明である。『カダム全集』の編纂者は、この人物がアル・チャンチュプ・イシ (Ar byang chub ye shes：ca. 11th cent.) の弟子カルチュンワ・ションヌ・ツルティム (Dkar chung ba gzhon nu tshul khrims) の弟子にあたるジェパ・ションヌ・チャンチュプ ('Jad pa gzhon nu byang chub) であるという想定に基づき、11世紀後半から12世紀前半の人物であると推測している。Bayer [2010：112] もこの想定に従っている。また、『カダム全集』の編纂者は、第10巻に収録される『現観荘厳論』(*Abhisamayālaṁkāra*) 註釈を書いたションヌ・チャンチュプと『明灯論』の作者を同一人物とみなしている。しかし、ションヌ・チャンチュプの『明灯論』に「チム」(Mchims) という学者の名前が頻出することに注意しなければならない。この「チム」が誰であるかは未だ確定できないが、阿毘達磨学に関して大きな影響力を持っていた「チム」として想定されるのは、チム・ナムカタク（Mchims nam mkha' grags：1210–1285）とチム・ジャムペルヤン（Mchims 'jam dpal dbyangs：？–1267）とチム・ロサンタクパ（Mchims blo bzang grags pa：1299–1375）の三人であろう。もしションヌ・チャンチュプが意図している「チム」がこの内のいずれかであるとするならば、彼は13世紀もしくは14世紀の人物である可能性も否定できない。今後『明灯論』の著者の年代と学統を確定するためには、『カダム全集』第10巻に収録される『現観荘厳論』註釈と、第40巻に収録される『明灯論』の内容についての詳細な分析が必要であると思われる。

2 *Kun btus ti ka* 6b2：spyir dbu' ma ba la gnyis ste | gzhung phyi mo dang | phyogs 'dzin pa'i dbu ma pa'o | dang po ni slob dpon klu grub gyis mdzad pa'i rtsa ba'i shes rab lasogs pa'o | |

3 *Legs bshad snying po* 49a2–4：slob dpon 'di yi rjes su 'brang ba'i gtso bo ni slob dpon 'phags pa lha yin te | 'dis rnal 'byor spyod pa bzhi brgya par slob dpon gyi srol 'di rgyas par bkral zhing | sangs rgyas bskyangs dang legs ldan 'byed zla ba grags pa dang zhi ba 'tsho la sogs pa dbu ma pa chen po rnams kyis kyang slob dpon dang 'dra bar yid ches pa'i khungs su byed do | | de'i phyir phyir dpon slob gnyis ka'i gzhung la gzhung phyi mo zhes snga rabs pa rnams zer ba ltar yin ［...］ |

4 この説は14世紀以後のほとんどのチベット人の間で受け入れられているが、それ以前には「根本教説」という概念について、異なった理解も存在したようである。サキャ派のコラムパ・ソナムセンゲ（Go ram pa bsod nams seng ge：1429–1480）は『了義解明』（*Nges don rab gsal*）の中で「以前の論師達」の説に関して次のように述べている。

Nges don rab gsal 24a5–6：snga rabs pa kha cig dbu ma pa ni spyir gnyis te | gzhung phyi mo'i dbu ma pa dang | grub mtha' phyogs 'dzin gyi dbu ma pa'o | | dang po ni | 'phags pa klu sgrub yab sras so | | gzhung phyi mo rang ni bka' rgyas 'bring bsdus gsum dang | dbu ma rigs tshogs dang | bzhi brgya pa la sogs pa rnams so | | kha cig thal 'gyur ba ni khas len thams cad dang bral bas de'i phyir gzhung phyi mo ba'i dbu ma pa'o zhes zer ro | |（「以前の〔チベットの〕ある者が言う。概して中観派には二つあり、［1］『根本教説を説く中観派』と［2］『特定の立場を取る中観派』とである。第一［根本教説を説く中観派］は、聖者ナーガールジュナ父子である。『根本教説』とは広中略の仏説、中観〔六〕理論集、『四百論』のことである。ある者は、帰謬論証派は一切の承認事項を持たないので『根本教説を説く中観派』であると言う。」）

5 ゲルク派の学僧チャンキャ・ロルペードルジェ（Lcang skya rol pa'i rdo rje：1717–86）は、自身の学説綱要書（*Lcang skya'i grub mtha'*）において以上のツォンカパの説明に立脚し、ナーガールジュナとアーリアデーヴァは、帰謬論証派と自立論証派の両者の分裂前に位置するので、物事は自性によって成立することを認めるか認めないか、外界対象を認めるか認めないか、また、単に他者是認の推論のみによって対論者（phyi rgol）の相続に論証対象を理解する推理知を生じさせることが可能かどうかなどという帰謬論証派と自立論証派の間の見解の対立点について自身の立場を明らかにしておらず、帰謬論証派と自立論証派のいずれもが承認する定説を述べており、中観派の全ての学僧によって権威とみなされていると述べている。詳しくは*Lcang skya'i grub mtha'* 195.21–196.1を参照。

6 *Kun btus ti ka* 6b2：gnyis pa la yang kun rdzob gyi bden pa la phyogs 'dzin pa'i dbu' ma dang | don dam pa'i bden pa la phyogs 'dzin pa'i dbu ma'o | |

7 *Kun btus ti ka* 6b2–b3：dang po la yang phyi rol gyi don yod par smra ba dang | med par smra ba'o | dang po la bye brag smra ba {ye shes snying po} dang mdo' sde ba gnyis so | gnyis pa la rnam bden {zhi ba 'tsho} dang rnam rdzun gnyis so | |

8 カダム派の学者ウパ・ロセル・ツォーペー・センゲ（Dbus pa blo gsal rtsod pa'i seng ge：ca. 13th cent.）が著した学説綱要書には次のように述べられる。

Blo gsal grub mtha 100b1–2：slob dpon legs ldan 'byed ni kun rdzob sems tsam pa dang mi mthun te dbu ma snying po las | mdo las sems tsam gsungs pa ni | byed po za po dgag phyir ro zhes gsungs pa yin no | | des na 'di ni rnam par 'jog byed kyi don dang blo rnam pa dang bcas par bzhed pas kun rdzob mdo sde ba dang mthun pa'i phyir mdo sde spyod pa'i dbu ma ba zhes grags |（「軌範師バーヴィヴェーカは世俗を唯識派と同じように〔説いている〕。すなわち『中観心論』に「経典において唯心と説かれるのは、創造主と享受者を否定するためである」と説かれている。従って、彼［バーヴィヴェーカ］は措定の手段である〔外界〕対象および知を認めるので、世俗を経量部と同じように〔認めている〕。それゆえ経量行中観派として広く知られる。」）

Blo gsal grub mtha 100a5：kun rdzob sems tsam pa dang mthun par gsungs pa'i phyir de dag rnal 'byor spyod pa'i dbu ma pa zhes grag |（「世俗を唯識派と同じように説明するので、彼ら［シャーンタラクシタとハリバドラ］は瑜伽行中観自立論証派と呼ばれる。」）

さらに、ゲルク派のセラ・ジェツェンパ（Se ra rje btsun pa：1469–1544/46）は自身の学説綱要書において次のように述べている。

Rje btsun grub mtha' 17.7–12：de la dbye na | mdo sde spyod pa'i dbu ma rang rgyud pa dang | rnal 'byor spyod pa'i dbu ma rang rgyud pa gnyis yod |

tha snyad kyi rnam gzhag phal cher mdo sde pa dang sgo bstun nas smra ba'i dbu ma pa de | dang bo'i mtshan nyid | tha snyad kyi rnam gzhag phal cher sems tsam pa dang sgo bstun nas smra ba'i dbu ma pa de | gnyis pa'i mtshan nyid | dang po'i mtshan gzhi legs ldan 'byed dang | ye shes snying po lta bu'o | | gnyis pa'i mtshan gzhi | zhi ba 'tsho | seng ge bzang po | ka ma la shī la dpon slob lta bu'o | |（「それ［自立論証派］を分類すると、［1］経量行中観自立論証派と［2］瑜伽行中観自立論証派という二つがある。世俗の措定をおおむね経量部と一致する形で説明する中観派—それが第一［経量行中観自立論証派］の定義である。世俗の措定をおおむね唯識派と一致する形で説明する中観派—それが第二［瑜伽行中観自立論証派］の定義である。第一の具体例は軌範師バーヴィヴェーカやジュニャーナガルバである。第二の具体例はシャーンタラクシタ、ハリバドラ、カマラシーラである。」）

9　ションヌ・チャンチュプは外界対象を否定する中観派を［1-2-1］形象真実派と［1-2-2］形象虚偽派の二つに分類する。この分類法は後代のゲルク派でも継承されている。例えばクンチョク・ジクメワンポ（Dkon mchog 'jigs med dbang po：1728–1791）は『学説規定摩尼宝鬘』（*Grub mtha' rin phreng*）で次のように述べている。
Grub mtha' rin phreng 37.8–14：rnal 'byor spyod pa'i dbu ma rang rgyud pa la yang rnam bden pa dang mthun pa'i dbu ma pa dang | rnam brdzun pa dang mthun pa'i dbu ma pa gnyis yod | dang po ni zhi ba 'tsho dang | ka ma la shI la dang | 'phags pa grol sde lta bu'o | gnyis pa ni | slob dpon seng ge bzang po dang | dze tā ri dang | la wa ba pa lta bu ste | dze tā ri ni rnam brdzun dri bcas pa dang mthun la | la wa ba pa ni rnam brdzun dri med pa dang mthun par bshad do | |（「さらに、瑜伽行中観派にも（1）形象真実派に相似する中観派と（2）形象虚偽派に相似する中観派の二つがある。第一

（形象真実派に相似する中観派）は例えばシャーンタラクシタ、カマラシーラ、アーリア・ヴィムクティセーナなどである。第二（形象虚偽派に相似する中観派）は例えば軌範師ハリバドラ、ジターリ、カンバラなどである。ジターリは形象虚偽派有垢論に相似し、カンバラは形象虚偽派無垢論に相似していると言われている。」）

10 *Lta ba'i khyad par* D 213b2–4：ācārya nāgārjunas dbu ma'i kārikā mdzad pa'i 'grel pa shes rab sgron ma zhes bya ba dang | dbu ma'i snying po zhes bya ba mdzad pa dang | bar gyi mkhan po śāntarakṣita zhes bya bas ācārya asaṅgas rnam par shes pa tsam du bshad pa'i bstan bcos rnal 'byor spyod pa mdzad pa la brten te | kun rdzob tu de'i lugs dang mthun par rnam par shes pa tsam du bsgrubs la | don dam par rnam par shes pa yang rang bzhin med par bshad pa'i dbu ma'i bstan bcos dbu ma'i rgyan zhes bya ba zhig mdzad de | dbu ma'i bstan bcos lugs cung zad mi mthun pa gnyis byung bas | ācārya bha byas mdzad pa la ni mdo sde ba'i dbu ma zhes btags | ācārya śāntarakṣitas mdzad pa la ni rnal 'byor spyod pa'i dbu ma zhes btags so | |（当該箇所の和訳が松本［1981：94–95］にある。）

11 MABh D 347a6–7：yang gang dag bye brag tu smra ba rnams kyis gang don dam par smras pa de dbu ma pa rnams kyis kun rdzob tu yin no snyam du sems pa de dag gis kyang bstan bcos kyi don gyi de nyid yongs su ma shes pa de kho na ste | 'di ltar 'jig rten las 'das pa'i chos ni 'jig rten pa'i chos dang chos mtshungs par mi rigs pa'i phyir te | lugs 'di ni thun mong ma yin no zhes mkhas pa rnams kyis nges par bya'o | |

12 AKBh 334.7–8：yatra bhinne 'pi tadbuddhir bhavaty eva | anyadharmāpohe 'pi buddhyā tat paramārthasat | tadyathā rūpam | （「それ［x］を分析してもそれ［x］に関する知が必ず起こり、また、知によって他の存在要素を排除してもそれ［x］に関する知が必ず起こるならば、それは勝

義有である。例えば色などである。」）

13　コラムパによれば、サキャ五祖の一人、タクパ・ギェルツェン（Grags pa rgyal mtshan：1147－1216）は世俗の観点から中観派を五つに分類し、その内、毘婆沙師と見解が一致する派（bye brag smra ba dang tshul mtshungs pa）について次のような説明を与えている。*Nges don rab gsal* 27a1–2：gnyis pa ni 'grel byed 'di yin zhes pa gsal bar mi snang yang | thog mar bye brag tu smra ba'i grub mtha' la gnas pa phyis dbu ma la zhugs pa'i tshe | de dang tshul mtshungs par 'dod pa nges par dgos |（「第二（毘婆沙師の見解と一致する学派）については、この註釈者であるとはっきり言えないが、最初に毘婆沙師の学説に立脚し、後に中観の学説に悟入する時に、その〔毘婆沙師の学説〕と共通の見解を主張する者であるはずである。」）

14　*Kun btus ti ka* 6b3：don dam pa'i bden pa la phyogs 'dzin pa'i dbu ma la gnyis ste | thal 'gyur ba dang rang rgyud pa'o |

15　*Kun btus ti ka* 6b3–b4：dang po ni de kho na nyid 'jal ba'i mngon sum tshad ma dang rjes dpag tshad ma khas mi len cing | de'i rgyu tshul gsum pa'i rtags la sogs pa khas mi len par 'gal ba sdud par byed pa'i thal 'gyur dang | gzhan la grags pa'i thal 'gyur tsam gyis gzhan gyi 'dod pa 'gog pa ste slob dpon zla grags lasogs pa'o | | rang rgyud pa ni de kho na nyid 'jal bar byed pa'i tshad ma khas mi len pa'o | de la yang gnyis ste | sgyu ma lta bu dang rab tu mi gnas pa'o | |

16　SDA D 72b（cf. 望月［2016：932］）を参照。

17　ツォンカパの『菩提道次第大論』ではsgyu ma rigs grub pa「幻の論理を確立する者」と呼ばれる。*Lam rim chen mo* 370a2–3を参照。

18　*Bdud rtsi'i thig le* 660.9–10：sgyu ma gnyis med chos kun mi gnas dbu ma yi | | lugs gnyis rnam 'byed de yang rmongs pa mtshar skyed yin | |（加納

［2009：128］：「幻不二〔派〕と一切法無住〔派〕という中観の二つの流儀を区別することもまた、愚者を感じさせるものである。」; 加納［2020：157］：「幻不二〔派〕と一切法無住〔派〕という中観派の二つの流儀を区別することもまた、愚者を感心させるものである。」）

19 PBBhK k.19–26を参照。

20 *Nges don rab gsal* 28a5–28b2：phyis kyi ma nges pa kha cig rngog los dbu ma pa la sgyu ma rigs drug* pa dang | rab tu mi gnas pa gnyis su dbye ba rmongs pa mtshar skyed yin zhes gsungs pa ni slob dpon dpa' bo'i don dam byang chub kyi sems bsgom pa'i man ngag ma mthong bar zad de | de nyid las sngar bshad pa ltar sgyu ma tsam du bsgrub pa dang | de la zhen pa bkag nas rab tu mi gnas par bsgrub pa rnam pa gnyis su gsungs pa'i phyir zhes smra'o | | 'di ni blo gros rtsing pa'i 'jug pa ste | rngog los bkag pa ni dbu ma'i don dam gyi grub mtha' smra ba'i gang zag la de lta bu'i dbye ba byed pa bkag cing | dpa' bos ni nyams len gyi rgyun gcig nyid la thog mar snang ba thams cad sgyu ma tsam du bsgrubs | de nas sgyu ma tsam de la'ang mngon par zhen pa bkag nas mtha' gang la'ang mi gnas par gsungs pa'i phyir ro | | （「後世の不特定のある者が〔次のように言う。〕

【反論】ゴク翻訳官は「中観派を如幻派と無住派の二つに区別することは愚者を感じさせるものである」と説く軌範師アーリアシューラ作『勝義菩提心修習次第書』を見ていないに過ぎない。なぜならば、まさに同書において、既に説明したように〔諸存在を〕単なる幻として確立する〔学派と〕、それに対する執着を排除して無住として確立する〔学派〕という二つの種類を説いているからである。

【答論】これは愚かな知恵の働きの所産である。なぜならば、ゴク翻訳官が否定しているのは、中観派の勝義に関する学説を論じる人をそのように分類することを否定しているのであって、アーリアシューラはまさに実践の一つの流れにおいて、最初にあらゆる顕現を単なる幻として確立し、その後で、単なる幻に対しても執着を否定して如何なる辺にも安住してはならないと説くからである。」*drugとあるがgrubに訂正する。）

21 rigs shes「論理知」。ジャムヤンシェーパの『菩提道次第大論』割註によれば、論理知（rigs pa'i shes pa）とは論理に直接依拠する知（rigs pa la dngos su brten pa'i shes pa）である（*Lam rim mchan*［smad cha］434.11–12）。

22 *Kun btus ti ka* 6b4–7：dang po ni bden par yod pa'i spros pa bcad nas rang bzhin med par rigs shes gyis 'jal bar 'dod pa'o | rab tu mi gnas pa ni de lta bu khas mi len te | spros pa'i mtha' gang la yang mi gnas pas so | de la yang snang ba mi sel ba'i lugs dang sel ba'i lugs so | mi sel ba ni rigs pa'i shes pa la chos can gzugs la sogs pa snang bar 'dod pa ste | gal te shes pa la chos can mi snang na rigs shes gyis chos can snang ba 'di la sgro 'dogs mi chod par 'gyur te | mig gi rnam shes sgra mi snang bas sgro 'dogs mi chod pa bzhin no | zhes jo btsun rjes 'brang 'dod do | sel ba la yang gnyis las chos can snang ba 'di rigs shes gyi dgag bya yin pas mi snang bar 'dod pa ni rgya yon tan seng ge la sogs pa'o | rigs shes gyi dgag bya ma yin yang rigs shes gyi yul ma yin pas mi snang ste | dper na dmig gi rnam shes gyi dgag bya sgra ma yin yang mig gi rnam shes gyi yul ma yin pas mi snang ba bzhin no zhes 'dod pa ni gangs pa lasogs pa'o | de lta ma yin par rigs shes la chos can snang na chos can snang ba rigs grub du 'gyur te rigs pa'i yul du bden pa'i phyir ro zhes zer ro |

23 *Lam rim chen mo* 370a2–3：don dam 'dod tshul gyi sgo nas ming btags pa'ang gnyis te | snang stong gnyis tshogs don dam bden par 'dod pa sgyu ma rigs grub pa dang snang ba la spros pa rnam par bcad pa tsam don dam bden par 'dod pa rab tu mi gnas par smra ba'o ||

なお、小林［1993］はこの一文を次のように訳している。小林［1993：476］：「勝義の認め方によって命名される〔中観派〕も二つである。すなわち、顕現と空との二つの集合（snang stong gnyis tshogs）を勝義として認める幻理成就派と、顕現における戯論の排除のみ（snang ba la spros pa rnam par bcad pa tsam）を勝義として認める無住を説く〔中観派の二つに区分される〕。」

24 *Dbu ma rnam nges* 4a7–b1を参照。

25 MA 6.35：arvāṅ na tattvātmakarūpato 'mī sthitiṁ labhante pravicāryamāṇāḥ | yataḥ padārthā na tato vicāraḥ kāryo hi lokavyavahārasatye ||

26 MA 6.159d：mā saṁvṛtiṁ nāśaya lokasiddhām ||

27 SDV 2b4（cf. Eckel 1987：151）：ji ltar rang bzhin ngo bo'i phyir || 'di la dpyad pa mi 'jug go || rnam par dpyod pa byed na don || gzhan du song bas gnod par 'gyur ||

28 *Grub mtha' rgyan* 134a4–134b4：slob dpon zla ba grags pa dang ye shes snying po gnyis ni ji ltar snang ba bzhin yin gyi phyi rol gyi rdul dang shes pa gnyis kar mi 'dod de 'jug pa las | gang phyir dngos po 'di dag rnam dpyad na || de nyid bdag can dngos las tshu rol du || gnas rnyed ma yin de phyir 'jig rten gyi || tha snyad bden la rnam par dpyad mi bya || zhes bya ba dang | 'jig rten grags pa'i kun rdzob ma brlag cig || zhes bya ba dang bden gnyis las | ji ltar snang bzhin ngo bo'i phyir || 'di la dpyad pa mi 'jug go | gal te rnam par dpyod na don || gzhan du song bas gnod par 'gyur || zhes bya ba la sogs pa 'byung ba'i phyir ro || 'di ni kun rdzob 'jig rten pa dang mthun par smra bas 'jig rten grags sde dpyod pa'i dbu ma pa zhes kyang zer la snang ba la mi spyod pa'i dbu ma pa zhes kyang zer ro ||

29 *Blo gsal grub mtha'* 100b2–b4：slob dpon ye shes snying po dang zla ba

grags pa ni kun rdzob 'jig rten pa la ji ltar grags pa bzhin bzhed de | dbu ma bden gnyis las | ji ltar snang bzhin ngo bo'i phyir | | 'di la dpyad pa mi 'jug go | gal te rnam par dpyod na don | | gzhan du song bas gnod par 'gyur | | zhes dang | dbu ma la 'jug pa las kyang | gang phyir dngos po 'di dag rnam dpyad na | | de nyid bdag can dngos las tshu rol du | | gnas rnyed ma yin de phyir 'jig rten gyi | |tha snyad bden la rnam par dpyad mi bya | | zhes gsungs pa'i phyir 'di dag la 'jig rten grags sde spyod pa'i dbu ma ba zhes grag go | |（「軌範師ジュニャーナガルバとチャンドラキールティの二者は〔世俗を〕世間の人々に知られる通りのものとしてお認めになる。なぜならば『二諦〔分別論〕』に「〔世俗は知に〕顕れた通りの存在であるがゆえに、これ［世俗］に対して考察は起こらない。もし〔世俗を〕考察するならば、別の意味に至ることになるので、〔世俗が〕拒斥される」と説かれ、『入中論』に「これらの存在物を考察するならば、真実を本質とするものの此方に場を得ることはない。それゆえ、世間における言語習慣の真実に関して考察はなされるべきではない」と説かれるからである。彼ら［ジュニャーナガルバとチャンドラキールティ］を『世間極成行中観派』と呼称する。」）

Grub mtha' rgya mtsho 125a5–a7：slob dpon ye shes snying po dang zla ba grags pa la sogs pa ni tha snyad kyi rnam gzhag 'jig rten pa la ji ltar grags pa bzhin bzhed de | dbu ma bden gnyis las | ji ltar snang bzhin ngo bo'i phyir | | 'di la dpyad pa mi 'jug go | gal te rnam par dpyod na don | | gzhan du song bas gnod par 'gyur | | ces dang | dbu ma la 'jug pa las kyang | gang phyir dngos po 'di dag rnam dpyad na | | de nyid bdag can dngos las tshu rol du | | gnas rnyed ma yin de phyir 'jig rten gyi | | tha snyad bden la rnam par dpyad mi bya | | zhes gsungs pa'i phyir 'di dag 'jig rten grags sde spyod pa'i dbu ma ba zhes grag go | |（「軌範師ジュニャーナガルバとチャンドラキールティなど

が、言語習慣の措定は世間の人々に知られる通りにお認めになる。なぜならば、『二諦〔分別論〕』に「〔世俗は知に〕顕れた通りの存在であるがゆえに、これ（世俗）に対して考察は起こらない。もし〔世俗を〕考察するならば、別の意味に至ることになるので、〔世俗が〕拒斥される」と説かれ、『入中論』で「これらの存在物を考察するならば、真実を本質とするものの此方に場を得ることはない。それゆえ、世間における言語習慣の真実に関して考察はなされるべきではない」と説かれるからである。彼ら［ジュニャーナガルバとチャンドラキールティ］を『世間極成行中観派』と呼ばれる。」）

30 *Legs bshad snying po* 53a6：slob dpon ye shes snying pos dbu ma'i tshul bkral ba yang tha snyad du rang gi mtshan nyid kyis grub pa mi 'gegs pa dang phyi rol yod pa'i tshul lugs 'di dang mthun par snang ngo | |

31 SDV D 2b4 （cf. Eckel 1987：151）：ji ltar rang bzhin ngo bo'i phyir | | 'di la dpyad pa mi 'jug go | | rnam par dpyod pa byed na don | | gzhan du song bas gnod par 'gyur | |

32 *Legs bshad snying po* 67b2–4：'o na bden gnyis las | ji ltar snang bzhin ngo bo'i phyir | | 'di la dpyad pa mi 'jug go | rnam par dpyod par byed na don | | gzhan du song bas gnod par 'gyur | | zhes gsungs pa bzhin du | dbu ma rang rgyud pa rnams kyang kun rdzob pa'i don rnams rigs pas dpyad nas rnyed pa'i don la 'jog pa 'gog pa ma yin nam | tha snyad du yod pa rigs pas dpyad don la mi 'jog pa khyed kyi khyad chos ji ltar yin zhe na | ［.....］

33 *Legs bshad snying po* 67b4：'di ni dbu ma pa gnyis kyi lugs kyis dpyod lugs ji 'dra zhig gis dpyad pas de kho nar grub ma grub dpyod par 'gyur ba'i khyad par ma phyed pa'i rtsod pa yin ［......］

34 *Legs bshad snying po* 68a1–3：dbu ma rang rgyud pa rnams ni tha snyad 'dogs pa'i blo'i dbang gis gzugs tshor la sogs pa 'jog mi nus la gnod pa med

pa'i dbang po'i shes pa la sogs pa la snang ba'i dbang gis tha snyad du yod pa 'jog nus par 'dod pas blo'i dbang gis bzhag ma bzhag gi blo la yang khyad par che'o | | de 'dra ba'i blo'i dbang gis bzhag pa min par ches rang gi ngos kyi gnas lugs kyi dbang gis yod med sogs dpyod pa nas de kho nar grub ma grub dpyod par 'gro bar 'dod kyi | sngar bshad pa'i dpyod lugs de tsam nas mi 'dod pas tha snyad du rang gi mtshan nyid kyis grub pa bzhed do | |

35 詳しくは*Dbu ma rnam nges* 4a5–b5を参照。

36 *Dbu ma rnam nges* 4a5–a6：sngon gyi slob dpon rnams 'di ltar 'chad de | dbu ma pa'i dbye ba ni gnyis te | kun rdzob khas len tshul gyi dbye bas phye ba dang | don dam gtan la 'bebs tshul gyi dbye bas phye ba'o | |

37 *Dbu ma rnam nges* 4a6–4b1：kun rdzob kyi bden pa khas blangs nas de'i rnam gzhag 'jog tshul la mi 'dra ba gsum ste | kun rdzob mdo sde pa dang mthun par khas len pa mdo sde spyod pa'i dbu ma pa dang | rnal 'byor spyod pa dang mthun par khas len pa rnal 'byor spyod pa'i dbu ma pa dang | 'jig rten gyi grags pa nyid sor gzhag nas khas len pa 'jig rten grags sde spyod pa'i dbu ma pa rnams so | |

38 *Dbu ma rnam nges* 4b1–b3：dang po ni | slob dpon legs ldan 'byed dang ye shes snying po sogs te | phyi rol gyi don khas len zhing | don snang gi blo rnam bcas su khas len pa'i phyir | gnyis pa ni | slob dpon zhi 'tsho yab sras te | phyi rol gyi don 'gog cing snang ba sems su khas len pa'i phyir | gsum pa ni | slob dpon zla ba grags pa sogs te | kun rdzob kyi bden pa la grub mtha' smra ba'i rigs pas cung zad kyang mi dpyod par | 'jig rten na ji ltar grags pa bzhin du khas len pa'i phyir ro | | （「第一（経量行中観派）は軌範師バーヴィヴェーカや軌範師ジュニャーナガルバなどである。なぜならば、彼らは外界対象を承認し、対象が顕現する知は有形象であると承認するからである。第二（瑜伽行中観派）は軌範師シャーンタラクシタ父子

（シャーンタラクシタとカマラシーラ）である。なぜならば、彼らは外界対象を否定し、顕現するものは心にあると承認するからである。第三（世間極成行中観派）は軌範師チャンドラキールティなどである。なぜならば、彼らは世俗諦を、決して定説論者の論理によっては考察せず、世間において知られる通りに承認するからである。」）

39 自立論証派を経量行中観派と瑜伽行中観派の二派に分類する考えは、ジャムヤンシェパ・ガワンツォンドゥー（ngag dbang brtson 'grus：1648－1721）の『学説規定大論』（*Grub mtha' chen mo*）に見られる。

40 *Dbu ma rnam nges* 4b3–b5：gnyis pa don dam pa'i bden pa gtan la 'bebs tshul gyi sgo nas dbye ba ni gnyis kho na ste | rang rgyud pa dang | thal 'gyur bar grags pa'o | | 'di yang don dam pa'i bden pa gtan la 'bebs pa'i tshe | rang rgyud kyi gtan tshigs khas len mi len las phye ba yin gyi | spyir rang rgyud kyi rnam gzhag khas len mi len las phye ba ma yin zhing | khyad par du gtan la dbab bya don dam pa'i bden pa la zab mi zab kyi khyad par yod pa yang ma yin no zhes bzhed do | |

41 *Dbu ma rnam nges* 13b5 以下にバーヴィヴェーカ（自立論証派）とチャンドラキールティ（帰謬論証派）の論争をめぐる長大な議論が現れる。

42 *Dbu ma rnam nges* 4b6–b7：slob dpon ye shes snying pos kun rdzob kyi rnam gzhag mdo sde pa dang mthun par khas len pa ma yin te | mdo sde pa'i 'dod pa mthar thug pa ni | phyi rol gyi don lkog na mo dang | don snang gi shes pas phyi rol gyi don dngos su ma rig par 'dod pa yin la | slob dpon ye shes snying pos de ltar mi bzhed pa'i phyir dang | mdo sde pa ni tha snyad kyi bden pa rang gi rigs pas dpyad nas 'jog pa yin la slob dpon des de ltar mi bzhed pa'i phyir |（「軌範師ジュニャーナガルバは、世俗の措定を経量部と同じようにして承認するのではない。なぜならば、経量部の最終的な見解は「外界対象は直接的に認識されないもの［lkog na mo］で

あり、対象が顕れる知は外界対象を直接的に認識しない」という見解であるのに対し、軌範師ジュニャーナガルバは、そのようには主張なさらないからである。また、経量部は世俗諦を自己の論理によって考察してから措定する者であるのに対し、その軌範師［ジュニャーナガルバ］はそのようには主張なさらないからである。」）

Dbu ma rnam nges 5a5–6：zhi 'tsho yab sras kyi kun rdzob bden pa zhal gyis bzhes pa'i tshe | rnal 'byor spyod pa'i gzhung ji lta ba bzhin du zhal gyis bzhes pa ma yin | tha snyad du ni phyi rol gyi don yod par bzhed cing snang ba sems su mi bzhed pa'i phyir ［...］（「シャーンタラクシタ父子は世俗諦をお認めになる時、瑜伽行派の学説体系の通りにお認めになるのではない。なぜなら、言説において外界対象は存在するとお認めになり、顕現するものが心そのものであるとはお認めにならないからである。」）

43 *Dbu ma rnam nges* 5b5–6a1：dbu ma thal rang du grags pa'i slob dpon rnams 'jig rten gyi kun rdzob bden pa rigs pas ma dpyad par 'jog tshul la khyad par ci yang mi snang ste | grub mtha' smra ba'i rigs pas mi dpyod par 'jig rten gyi blo lhan skyes la ji ltar snang zhing grags pa bzhin du de'i rnam gzhag zhal gyis bzhes par mthun pa'i phyir | slob dpon de dag mthar thug gi don dam pa'i bden pa ngos 'dzin lugs la'ang mi 'dra ba'i khyad par cung zad kyang mi snang ste | spros pa'i tshogs mtha' dag dang bral ba'i sgra rtog gi yul las 'das pa zhig la don dam pa'i bden pa zhes tha snyad 'dogs par zhal 'chams pa'i phyir |（「中観帰謬論証派および中観自立論証派として知られる軌範師達は、世間の言語慣習を論理によって考察することなしに措定することにおいてはいかなる違いも見られない。なぜならば、定説論者の論理によって考察することなしに、世間の人々の生来的な知に顕れ、〔世間の人々に〕知られる通りに、それ［世俗］の確定をお認めにな

る点で等しいからである。
また、それらの軌範師達による究極的な勝義諦の識別法に関しても違いは全く見られない。なぜならば、あらゆる戯論の集まりを離れ、言葉および分別の領域を超えたものを「勝義諦」と表現する点で〔彼らは〕一致しているからである。」）

44 *Dbu ma rnam nges* 6a1：don dam pa'i bden pa de gtan la 'bebs byed kyi rigs pa dang | rigs pa de la dang por 'jug pa'i sgo mi 'dra ba yin ［...］（「その勝義諦を確定する論理と、その論理に最初に入る入り口は〔自立論証派と帰謬論証派とで〕異なっている。」）

45 *Dbu ma rnam nges* 6a1–7b3を参照。

Chapter 4

『阿毘達磨集論』の梵文写本について

李 学竹

中国蔵学研究中心（CTRC）では、ラサにあるポタラ宮とノルブリンカが所蔵する梵文貝葉写本のコピーを保管している。それらすべてに含まれる作品点数は約 700 － 800 点にものぼる。これらの写本の中には、『阿毘達磨集論』と関係のある写本が、4点ある。すなわち、1点は *Abhidharmasamuccaya* 本論そのもので、他の3点はその注釈である。3点の注釈は、1 点は *Abhidharmasamuccayabhāṣya* で、2 点は *Abhidharmasamuccayavyākhyā* である。*Abhidharmasamuccayabhāṣya* の原本は現在ポタラ宮にあるが（サンダの目録 130 番）、1976 年、Tatia がその校定本を出版しているので[1]、ここでは省く。次に新出のその他の 3 点を紹介する。

1. *Abhidharmasamuccaya* の断片写本

周知の如く 1930 年代、ラーフラ・サンクリトヤーヤナがシャル寺の奥の院リプクで 17 枚の *Abhidharmasamuccaya* の断片写本を発見した。後にゴーカレーはラーフラが撮影した写真をもとに *Abhidharmasamuccaya* を校訂し出版した[2]。しかしラーフラが発見した写本は完本でなく、およそ三分の二ぐらいが欠けている。

しかし幸運にも、CTRC が所蔵している写本影印版の中、整理番号 100 と記されたカードボックスにその欠損箇所の一部を同定することができた。このボックスには、貝葉 185 枚分の梵文写本の影印が収められ、十数種類の作品が含まれるが、ほとんどが未完本のようである。1980 年代にチベットの梵文写本を調査した羅炤（Luo Zhao）氏の報告書「羅炤目録」は、その最初にある 12 枚写本を『大乗荘厳経論』の断片であるとし、次のように記述している。

（四）《经庄严论》片断，不完整，仅存 12 叶，叶码分别为第 1、25、35、

> 38、37、33、44、43（仅有半叶）、20、26、27 及底叶一叶，底叶上写有许多梵文题记（残损五分之一左右）。贝叶长 54.5 厘米，宽 4.7 厘米，每面墨书“达利迦”体梵文 6、7、8 行不等，全部贝叶以线绳贯穿。贝叶上写有藏文：བལ་དེབ། 可知这些贝叶是在尼泊尔写成。

筆者は 2009 年に同写本を再調査する機会に恵まれ、松田和信先生のご協力のもとこの写本を解読した結果、それが『大乗荘厳経論』の断片ではなく、*Abhidharmasamuccaya* 本文の一部であることを確認することができた。同写本は貝葉裏面の左端欄外に 1、15、18、20、23、27、29、33、39、43（半分欠損）、44（最終葉）という番号が付されており、都合 11 枚からなる。これらをラーフラが撮影した *Abhidharmasamuccaya* の貝葉の写真と比較すると、書体および貝葉の形、大きさ、紐穴などの形態が全て一致しており、上記の葉番号がラーフラの写真に欠けた部分に相当することが分かる。そのため新出の貝葉写本とラーフラの撮影した貝葉写本は、本来は同じ単一の写本に属していたことが分かる。しかし残念ながら、新出の 11 枚と既知の 17 枚を合わせても、都合 28 枚にしかならず、本来 44 枚からなる写本全体のうちの 16 枚は未発見のままである。欠損した 16 葉とは、第 2, 6, 7, 17, 21, 22, 25, 26, 27, 28, 32, 34, 35, 37, 40, 41 葉である。

2. *Abhidharmasamuccayavyākhyā* 写本 A

この写本は CTRC が所蔵している写本影印版の中、整理番号 66 と記されたカードボックスに収められ、都合 215 枚貝葉があり、羅炤氏がそれを『阿毘達磨集論』と断定し、次のように記述している。

> 59.《阿毗达磨集论》(Abhidharmasamuccaya, 藏文为 མངོན་པ་ཀུན་བཏུས།)。共

215 叶（包括扉叶 1 叶），不完整，仅缺第 1 叶。贝叶长 31 厘米，宽 5.4 厘米。每面墨书“达利迦”体梵文 6 行，字体接近“悉檀”体。

此书作者为公元五世纪印度佛教大师无著（Asaṅga, 藏文為 ཐོགས་མེད།），经尾梵文题记亦署明。其内容是依据《大乘阿毗达磨经》系统论述法相唯识学说，是法相唯识学派（藏文为 སེམས་ཙམ་པ།）的主要论典之一。

（此书印度已出梵文校刊本）

この記述によると、第 1 葉が欠けており、実際には 214 枚である。筆者は 2010 年に加納和雄先生のご助力を受けてこの写本を再調査したが、その結果、同写本が *Abhidharmasamuccaya* の注釈書である *Abhidharmasamuccayavyākhyā*、即ち玄奘訳『大乗阿毘達磨雜集論』に相当することが判明した（チベット訳は東北 4054 番）。奥書の後半には、写本が筆写された日付と文字数が記されている。

parameśvaretyādirājāvalīpūrvvat (*sic*) śrīmadana◎pāladevasya vijayarājye samvat 13 āṣāḍhadine 7 granthapramāṇa śahaśra (*sic*) 49…//

ここに現れる Madanapāla 王の治世年代は 1143 ～ 1161 とされるため[3]、写本の筆写年代は王の治世第 13 年目、即ち 1156 年となる。論題と作者などは明記されていない。

その内容構成は、帰敬偈とその解説から始まり、それから、*Abhidharmasamuccaya* 本論の文章を引用してそこに注釈を施す体裁をとっている。その注釈部分の内容は、*Abhidharmasamuccayabhāṣya*（以下 *Bhāṣya*）の文章と完全に一致する。

しかし、写本は第 1 葉が欠損するため、冒頭の帰敬偈とその解説、いわゆる序文の梵文は 3 分の 2 程度しか回収できない。そして

Abhidharmasamuccaya 本文と *Bhāṣya* のいずれにも対応箇所がない。このような状況にある序文ではあるが、そこから本書成立の事情を伺えるため注目され、いくつかの先行研究がある[4]。これらの研究は蔵訳や漢訳に基づいて行われたものであるが、蔵訳には問題が多く、一方の漢訳はこの箇所に関しては逐語的に正確に翻訳しており有益である。筆者が参加する阿毘達磨集論研究会においては漢訳を参照しながら翻訳研究を進めており、その成果がすでに刊行されている[5]。

前述したように、この序文は３つの帰敬偈とその解釈からなっている。その内容を簡単に紹介すると、前２偈は三宝に対する帰依を説いており、解釈部分には、特に仏の徳性に対して svabhāva、hetu、phala、karman、yoga、vivṛtti の六義で説明されている。これは *Mahāyānasūtrālaṅkāra* 第 9 章の第 56 − 59 偈に説かれた清浄法界の六義と関連があることが、すでに高崎直道先生らによって指摘されている[6]。

第３偈の最初２句の「敬禮開演本論師、親承聖旨分別者」、つまり「本論を開演する師と親しくその旨を継承して解釈する者に敬礼します」というこの２句は、*Abhidharmasamuccaya* の著者とそれを注釈する者、即ち *Abhidharmasamuccayabhāṣya* の著者に対しての帰依である。この後の「由悟契経及解釋 , 爰發正勤乃参綜（経典とその解釈を悟らせるために、そして私はまさに謹んでそれらを挿入して纏めることを起こす)」という２句は、この論（即ち *Vyākhyā*）を作成する目的を示している。これによって、*Bhāṣya* の著者と *Vyākhyā* の著者が別人であることが知られる。しかし、蔵訳では *Bhāṣya* と *Vyākhyā* は両方とも Jinaputra 作としている。これに対して、漢訳は *Bhāṣya* は師子覚（Buddhasiṃha）作とし、*Vyākhyā* は安慧（Sthiramati）作としている。その事情に関しては、窺基の『阿毘達磨雑集論述記』によると、『雑集論』（*Vyākhyā*）は安慧が無著の本論と師子覚の注釈を糅合し、それに序文を付したものであるという。つまり *Vyākhyā* は、本来独立して

存在した無著の *Abhidharmasamuccaya* 本論と師子覚による注釈（*Bhāṣya*）を安慧が適宜並べ直した、いわゆる「会本」である。この説明は、序文の内容とよく辻褄が合うのみならず、実際に *Bhāṣya* のサンスクリット本と蔵訳は独立本として存在していることから裏付けられる。

このように、この *Vyākhyā* の中に、*Abhidharmasamuccaya* 全文が織り込まれているため、今まで欠損した 16 枚が回収できることとなる。最近、その全文を翻刻し終え、本文の所在についても確認することができた。

Abhidharmasamuccayavyākhyā 写本における *Abhidharmasamuccaya* 本文の位置を示すと、次のようになる。

G = Gokhale 1947

L = Li 2013（fols. 1, 15, 18, 20, 23, 24）and Li 2014（fols. 29, 33, 39, 43, 44）[7]

ASVy = CTRC Ms 66 box

Fol. 1	2	3	4	5	6	7	8	9	10
L	ASVy4v-8v4	G	G	G	ASVy23v4-	-32r4	G	G	G
11	12	13	14	15	16	17	18	19	20
G	G	G	G	L	G	ASVy 71v2-74v5	L	G	L
21	22	23	24	25	26	27	28	29	30
ASVy 85v5-	ASVy -101r2	L	L	ASVy 109a3-	-ASVy-	-ASVy-	ASVy -115b3	L	G
31	32	33	34	35	36	37	38	39	40
G	ASVy 129a2-134a2	L	ASVy 139a5-	ASVy 147b6	G	ASVy 165a2-168a4	G	L	ASVy 175b5-
41	42	43	44						
ASVy -190a4	G	L	L						

3. *Abhidharmasamuccayavyākhyā* 写本 B

本写本の影印版は CTRC のカードボックス 33 番に保管されている。羅炤氏によれば、このボックスには *Abhisamāyāṃlakārakārikā* など 4 種類の典籍が収納され、126 枚全てが蔵紙の写本という。本写本はその第 4 番にあり、羅炤氏は不明の論典であるとして次のように記述している。

> （二）残缺，无书名之论典一部。全部以藏纸制成，共 86 叶，不完整。全书应有 185 叶，共缺 99 叶。纸叶长 35 厘米，宽 5.4 厘米，每面墨书“笈多”体梵文 6 行。约半数纸叶的右端被烧。估计为公元十三世纪左右的西藏抄本。
>
> 此书未查出书名。现将已查出的各卷、各品题目具列如下：
>
> ① 集谛（Samudāyasatyaṃ）；
>
> ② 灭谛（Nirodhasatyaṃ）；
>
> ③ 谛抉择（Satyaviniścaya）；
>
> ④ 说六波罗蜜多神通一切宝藏、说广大禅定（Deśanavibhutvaṃṣaṣpāramitāsarvākāradeśanāyāmadhyānataḥ）；
>
> ⑤ 法抉择（Dharmaviniścaya）；
>
> ⑥ 论议抉择（Sāṃkathyaviniścaya）；
>
> 等々。
>
> 因无藏、汉文佛典查对，目前尚不知此书属于哪一部论典，须待今后核查。

この記述によると、この写本は全部で 86 枚あり、本来 185 枚あるべきだが 99 枚を欠損したという。しかし、現存する 86 枚のうち、最後の２枚は異なる書体で書かれた密教関係のテキストなので、実際には 84 枚しかない。また最初の番号は第 93 葉であり、最後の番号は第 185 葉だが、第 185 葉は最終葉ではなく、その内容から判断すると[8]、その後少なくとも 4 枚ほど失われている。このように、この写本は全体の半分以上を欠く未完本である。フォリオの各面は 6 行からなり、ベンガリー書体で綴られ、冒頭と末尾を欠くため年代や作者についての手がかりは得られない。写本右端欄外に番号が付されているが、39 枚分の右端が焼失破損したため、45 枚分の番号のみが確認できる。さらに、葉は番号順に並んでいるわけではなく、前後が錯綜している。これからは写本 A を参考にして整理していく予定である。

羅炤氏はこの写本の論題を同定していないが、そこに現れる章名について次のように報告する。

1）集諦（samudāyasatya）
2）滅諦（nirodhasatya）
3）諦抉択（satyaviniścaya）
4）説六波羅蜜多神通一切宝蔵、説広大禅定（deśanavibhutvaṃ ṣaṣpāramitāsarvākāradeśanāyāmadhyānataḥ）
5）法抉択（dharmaviniścaya）
6）論議抉択（sāṃkathyaviniścaya）

これで *Abhidharmasamuccaya* と関連ある文献の見通しがついたため、上記の *Vyākhyā* 写本 A と読み合わせた結果、同じ *Vyākhyā* の写本であると同定することができた。但し、羅炤氏が章名に誤写があり、特に第 4 番は章名ではなく、三種の自在、つまり身自在、行自在、説自在（kāyavibhutvaḥ, caryāvibhutvaḥ deśanāvibhutvaś ca）を説く中で、説自在（deśanāvibhutva）を説明するものである。それを訂正すると、deśanāvibhutvaṃ ṣaṭpāramitāsarvākāradeśanāyām avyāghātaḥ（玄奘訳：説自在者，謂能宣説六波羅蜜多一切种差别，無有滞碍故）となる。また、第 3 番目の諦抉択（satyaviniścaya）は写本を再確認したところ、satyaviniścayo nāma dvitīyaḥ（fol.124b5）となっていた。諦抉択が第 2 章であることは、*Abhidharmasamuccaya* の章の順序と一致するので、その前の１. 集諦（samudāyasatya）、２. 滅諦（nirodhasatya）はこの章に含まれるはずなので、章名ではないのである。

4. おわりに

以上、*Abhidharmasamuccaya* 本論の写本１本及びその注釈書 *Vyākhyā* の写本２本、都合３本の写本を紹介した。*Vyākhyā* 写本 A は完本に近く、*Abhidharmasamuccaya* 写本と *Vyākhyā* 写本 B は全体の半分程を欠く未完本である。*Vyākhyā* の注釈部分は *Bhāṣya* と同じあるが、*Abhidharmasamuccaya* 本論を引用しているので、欠損した 16 枚の *Abhidharmasamuccaya* 本論は、この *Vyākhyā* 写本から取り出して補完することができる。それゆえ、現在「阿毘達磨集論研究会」は、その作業に取り掛かっており、*Abhidharmasamuccaya* 本論の完本の校訂を進めているところである。

▶注

1 Nathmal Taita ed, *Abhidharmasamuccaya-bhāṣyam*. Tibetan Sanskrit Works Series, No. 17. Patna: K.P. Jayaswal Research Institute, 1976.

2 V. V. Gokhale, “Fragments form the *Abhidharmasamuccaya* of Asaṅga.” *JRAS*, Bombay Branch, New Series 23, 1947, pp.13–38.

3 Susan. L. Huntington, *The Pāla-Sena Schools of Sculpture. Studies in South Asian Culture*. Leiden: E. J. Brill, 1984. p. 70.

4 高崎正芳「雑集論における蔵・漢両所伝」『禅学研究』第54号（1966）、pp. 189–198。岡田繁穂「『阿毘達磨雑集論』序文チベット訳考」『印度学仏教学研究』第40巻第2号（1992）、pp. 914–910。

5 阿毘達磨集論研究会編、「梵文和訳『阿毘達磨集論』（1）」（『インド学チベット学研究』（19）, 57–96, 2015）、「梵文和訳『阿毘達磨雑集論』: 安慧による冒頭偈」（『インド学チベット学研究』（20）, 24–52, 2016）、「梵文和訳『阿毘達磨集論』（2）」（『インド学チベット学研究』（21）, 55–86, 2017）、「梵文和訳『阿毘達磨集論』（3）」（『インド学チベット学研究』（22）, 27–57, 2018）、「梵文和訳『阿毘達磨集論』（4）」（『インド学チベット学研究』（23）, 27–74, 2019）

6 高崎直道「法身の一元論」『仏教における法の研究 平川彰博士還暦論集』春秋社、1975、p. 231。Takasaki Jikido, *A Study on the Ratnagotravibhāga*（*uttaratantra*）*: Being a Treatise on the Tathagatagarbha Theory of Mahayana Buddhism*. Serie orientale Roma 33. Roma: Istituto italiano per il Medio ed Estremo Oriente, 1966, p. 405.　袴谷憲昭「清浄法界考」『南都仏教』第37号、p. 2。

7 Li Xuezhu, "Diplomatic Transcription of Newly Available Leaves from Asaṅga's *Abhidharmasamuccaya* —Folios 1, 15, 18, 23, 24—," in: Annual Report of The International Research Institute for Advanced Buddhology at Soka University, Vol. XVI, 2013, pp. 241–253.　"Diplomatic Transcription of Newly Available Leaves from Asaṅga's *Abhidharmasamuccaya* —Folios 29, 33, 39, 43, 44—," in: Annual Report of The International Research Institute for Advanced Buddhology at Soka University, Vol. XVII, 2014, pp. 195–205.

8 *Vyākhyā*写本B, fol. 185b6: dharmāyatanenāpi sa ity atra pūrvapādakaḥ | yo rūpāyatanena samanvāgataś cakṣurāyatanenāpi saḥ yo vā cakṣusā.；「成就眼處亦法處耶、此亦應作順前句答。若成就色處亦眼處耶、設成就眼處亦色處耶」『大乗阿毘達磨雑集論』（大正蔵31巻、768頁上）。

Chapter 5

チベット撰述注釈書の構造化記述について

——チョムデン・リクレル著『阿毘達磨集論釈・荘厳華』に対して——

崔 境眞

1. チョムデン・リクレルと『阿毘達磨集論釈・荘厳華』について

『カダム全集』には、『阿毘達磨集論』*Abhidharmasamuccaya* に対する注釈書が複数収められている。カダム派の学僧として知られるチョムデンリクペー・レルティ・ダルマギェルツェン（bCom ldan rig pa'i ral gri Dar ma rgyal mtshan, 1227–1305, 以下「チョムデン・リクレル」）による『阿毘達磨集論釈・荘厳華』*mNgon pa kun las btus pa'i bshad pa rGyan gyi me tog* もその中に含まれている。

チョムデン・リクレルは、チベット・ウ地方に位置するカダム派系統のナルタン（sNar thang）寺において筆写本大蔵経集成に活躍したことで広く知られている。彼のチベット語訳仏典目録および仏教史については、Schaeffer & van der Kuijp（2009）が研究および校訂テクストを発表している。また、チョムデン・リクレルは数多くの論書を著した[1]。van der Kuijp & McKeown（2013）は、チョムデン・リクレルが著した、Dignāga の『集量論』*Pramāṇasamuccaya* に対する注釈の校訂テクストを提供し、彼の著述活動について次のように描写する。「言い換えれば、チョムデン・リクレルはかなりの引きこもり（a homebody）だった。これは、簡略な彼の伝記から推測できる知的活動と対照をなす。〔中略〕チョムデン・リクレルは 13 世紀の権威の一人となり、彼の勉強面や執筆活動におけるインド仏教思想と文学に対するきわめて膨大な領域に渡る雑食性の知性が、この 15 年間で徐々に明らかになった。それは、*Hevajratantra* から *Abhidharmasamuccaya* にまで及ぶ様々な注釈、また、サンスクリットやチベット語の研究、さらには、医学や図像学にも至る。」[2]

またチョムデン・リクレルは、サキャ寺でサキャパンディタ（Sa skya Paṇḍita Kun dga' rgyal mtshan, 1182–1251）、および彼の弟子のウユクパ（'U yug pa rig pa'i seng ge, ?–1253）、そしてサキャパンディタの甥であるパクパ（'Phags pa Blo gros rgyal mtshan, 1235–1280）の元で勉強したこともある。おそらくこの両学派を跨いだ学問の経験が、チョムデン・リクレルが「カダム派の学僧にしては非常に珍しい多数の著作」（Schaeffer & van der Kuijp 2009, 8）を残したことにつながったのかも知れない[3]。

『カダム全集』第 2 輯（第 31 ～ 60 巻）に収められるチョムデン・リクレルの著作は、第 51 巻から第 57 巻までを占めており、計 72 点からなる[4]。さらに、『カダム全集』に収められなかった作品をも含む彼の著作が以下の全集にまとめられている。

i.『チョムデン・リクレル全集』（*bCom ldan rig pa'i ral gri'i gsung 'bum.* 活字本 , 全 10 巻 . Lhasa: Khams sprul bsod nams don grub, 2006. TBRC No. W00EGS1017426）

ii.『チョムデン・リクレル小作品集』（*bCom ldan rig pa'i ral gri'i gsung 'bum thor bu.* 'bru tsha 体 , 全 2 巻 . [s. l.], [s. n.], [n. d.]. TBRC No. W1CZ1041）

iii.『チョムデン・リクレル全集』（*bCom ldan rig pa'i ral gri'i gsung 'bum.* 活字本 , 全 2 巻 . Kathmandu: Sa skya rgyal yongs gsung rab slob gnyer khang, 2007. TBRC No. W1KG4324）

当該の『阿毘達磨集論釈・荘厳華』は、ii にはないが、i（vol. 4）と iii（vol. 2）に入っている。また、上記の 3 種の全集と『カダム全集』に所収されていない単独のテクストも残っている。以下に挙げる［3］micro である。それを含めて本研究では以下の 3 点を使っている[5]。

［1］KDSB：*mNgon pa kun las btus pa'i bshad pa rGyan gyi me tog*. bKa' gdams gsung 'bum phyogs bsgrigs thengs gnyis pa. Vol. 57, pp. 11–665.

（327 folios）Chengdu: Si khron mi rigs dpe skrun khang, 2007. TBRC No. W1PD89084.

［2］lha： *mNgon pa kun las btus pa rGyan gyi me tog.* bCom ldan rig pa'i ral gri'i gsung 'bum. Vol. 4, pp. 1–735.（367 folios）Lhasa: Khams sprul bsod nams don grub, 2006. TBRC No. W00EGS1017426.

［3］micro： *Chos mngon pa kun las btus pa'i rGyan gyi me tog.*（353 folios）Scanned from microfilm. [s.l.], [s.n.], [n.d.]. TBRC No. W24700.

この３つの中で、データを入力する際には［1］KDSB版を底本とし、［2］lhaや［3］microを参考に校合する。［1］KDSB版はウチェン（dbu can）体で手書きで記されており、部分的に行間にウメー（dbu med）体で書かれた割注が見られるが、筆写時に起きたミスを補完するためのものとみられる。［2］lhaは、写本ではなくコンピューターで打ち込んだ活字体で印刷出版されたものである。おそらくチベット人編集者によって校正されたものであるが、何を底本としているのかは不明である。［3］microは行書体（'bru tsha）で書かれた筆写本のマイクロフィルムを現像したものである。この3本の資料のいずれも、Buddhist Digital Resource Center（BDRC）によりPDFが公開されている（https://www.tbrc.org）。

以下では、本研究の目的である『阿毘達磨集論釈・荘厳華』の構造化記述について紹介する。

2. XMLによる構造化記述

XML（Extensible Markup Language）は、テクストのデータに対してタイトル、書名、人名、引用文、注といった構成要素に関する構造的な特徴をテクストエンコーディングする言語である。1998年に公表されて以来、様々な分野で広く使用されている。TEI（Text Encoding Initiative）Guidelines は、人文科学の分野で文字資料を構造化して記述するための規格である。1990 年の最初の勧告（P1）から改編を重ね、現在の TEI P5 Guidelines は XML を用いた構造的記述（structural description）に対応している。TEI ガイドラインは、数百のタグ、すなわち要素（element）と、属性（attribute）を規定し、それらを用途別にグループ化して「モジュール」（module）と呼んでいる。必要に応じて複数のモジュールからタグを取り出して、組み合わせることで、各々の研究目標や研究資料の特徴に応じてカスタマイズすることが可能である。

仏教研究分野で TEI を採用したプロジェクトの例として、漢文資料については CBETA、また、SAT の大蔵経テクストデータベース研究会[6]、サンスクリットテクストについては SARIT が広く知られている。また、小規模のプロジェクトとして、例えば、いわゆる「バウッダコーシャ」Bauddhakośa プロジェクトでは、TEI の辞書モジュールを使って漢文、サンスクリット、チベット語、日本語などといった多言語のテクストデータを扱い、仏教用語集および各用語に対する定義集を提示した[7]。

本研究は『阿毘達磨集論釈・荘厳華』の構造化記述を通じて、デジタルの校訂テクストを目指している。そのために、具体的にいえば、『阿毘達磨集論』と『阿毘達磨集論釈・荘厳華』との対応関係を明らかにしつつ、科文（sa bcad）による区切りを明記し、誤植や割注などの写本上の特記すべき事項を記している。また、人名や書名などをマークアップしている。以下では、構造化記述の実例の一部を挙げながら詳しくみていく。

3.『阿毘達磨集論釈・荘厳華』に対する XML マークアップの具体例

（1）科文の処理

チベット撰述の論書に広く見られる特徴であるが、『阿毘達磨集論釈・荘厳華』は科文を中心に展開されている。科文は簡単に言えば、非常に詳しい目次といえるが、限りなく細分化された膨大な科文は、part、chapter、section などでは表し切れない。

TEI P5 Guidelines のセクション 4.1 では、テクストの細分化をマークアップするために番号付き区切りと番号なし区切りを提案している。前者は <div1>、<div2> などのように、区切られた部分の階層の深さを数字で表す方式である。<div1> が最も大きい区切りであり、その子要素として複数の <div2> がある。<div2> の子要素にはさらに複数の <div3> があり得る。一方、後者の番号なし区切りの方法では、<div> 要素の属性値、例えば @type="chapter" および @n="3" という属性値を細かく設定することでネスト構造を表現する。

『阿毘達磨集論釈・荘厳華』の場合、後者の番号なし区切りの方法をとり、<div> タグの属性値を @type="sa bcad" として、この区切りの基準がチベット撰述文献の科文（sa bcad）であることを明記した。そして、@name="(科文タイトル)"、@xml:id="s(科文番号)"、@n="(科文番号)" を明記した。@n の他に @xml:id を設定しているのは、科文番号と科文タイトルを取り出してアウトラインを表示し、科文と本文との紐付けを生成するためである。つまり、スタイルシートで、@n の科文番号はアウトラインに実際に表示される番号として使っており、@xml:id は本文との紐付けのために使っている。

```
<div n="112.121.413" type="sa bcad" xml:id="s112121.413" name="de'i bsal bya skyon gyi
rnam par dbye pa bshad pa">
    <floatingText>
    <p>gzum pa bsal bya'i skyon ni </p>
    </floatingText>

<div n="112.121.413.1" type="sa bcad" xml:id="s112121.413.1" name="mtshan nyid kyi
skyon">
   <floatingText>
       <p>mtshan nyid kyi skyon ni gsum ste ma khyab pa dang khyab ches pa dang mi srid
pa'o// </p>
```

図１　科文の処理例

(2) 『阿毘達磨集論』への言及とそれに対する注釈の処理

『阿毘達磨集論釈・荘厳華』は、『阿毘達磨集論』を引用し、それに対して説明を施しながら展開する。すなわち、このテクストは、『阿毘達磨集論』から引用した「注釈対象」とそれに対するチョムデン・リクレルの「注釈本文」からなる。

『阿毘達磨集論』から引用した「注釈対象」には、TEI P5 Guidelines の core モジュールの要素である <mentioned> 要素（TEI P5 Guidelines, 3.8 を参照）を記述する。（TEI P5 Guidelines では原文引用の場合、<mentioned> 要素の他に <quote> 要素も紹介されている。<quote> タグは次項で述べる『阿毘達磨集論』以外の別のテクストからの引用に使っている。）なお、<mentioned> 要素の属性として、@xml:id には『阿毘達磨集論釈・荘厳華』でのロケーション情報を、@from には『阿毘達磨集論』でのロケーション情報を記述する。

一方、「注釈対象」に対する『阿毘達磨集論釈・荘厳華』の「注釈本文」には、gaiji モジュールの <gloss> 要素を記す。<gloss> は、専門用語あるいは術語やフレーズに対して定義や説明を与えるために使われると規定されている（TEI P5 Guidelines, 3.3.4 を参照）。<gloss> 要素の属性値の @target に、上記で設定した <mentioned> 要素の @xml:id 属性値を紐付ける。

```
<mentioned xml:id="3r1b" from="D44v1h" > ... </mentioned> ...
... <gloss target="#3r1b">... </gloss>
```

図２　引用と注釈の処理

```
    <mentioned xml:id="3r1b" from="D44v1h">du dang</mentioned> zhes
bya ba ni <gloss target="#3r1b">dri ba nyid sdom du bkod pa ste
phung po dang khams dang skye mched kyi grangs du zhig yin pa bsdus
pa yin no//</gloss>
```

図３　引用と注釈の処理例

（3）他の文献からの引用の処理

『阿毘達磨集論釈・荘厳華』には『阿毘達磨集論』ではない他の文献からの引用が多く見られる。幅広い分野に対して博識だったチョムデン・リクレルの特徴が窺える。『阿毘達磨集論』以外の参考文献からの引用については、『阿毘達磨集論』の引用と区別するために、<quote> 要素を付ける。その属性値には、引用文献が特定できる場合、@title には文献名を入力する。@idno には識別番号を入れるが、チベット語訳がある場合は、北京版目録番号、あるいはデルゲ版目録番号を入れる。チベット語訳のない文献が引用されている場合は、CiNii の番号、あるいは大正新脩大蔵経の目録番号を入れている。@pp には詳しいロケーションを記す。

```
   ji skad <lb ed="lha" n="8a1" />du
   <quote title="Bṛhat-PP" idno="D4248" pp="D221b2">gang phyir
'jig rten don gnyer ni// the tshom las kyang 'jug phyir ro </quote>
   zhes bshad pa yin no//</p>
```

図４　他の文献からの引用の処理例

（4）縮約字と校訂注の処理

文中に縮約字がある場合には、TEI P5 Guidelines 3.5.5, 11.3.1.1 に従って

<abbr> 要素を使う。その属性値には、@corresp に原型（開いた文字）を記す。例えば、図５にあるように、<abbr corresp=“gtan tshigs”>gtigs </abbr> は、KDSB 版では gtigs という文字が書かれていて、この文字が gtan tshigs の縮約字であることを記している。

```
      <p>’bras bu rnams ni nus pa’i rgyu
tsam gyi spyi la <abbr corresp="gtan
tshigs">gtigs </abbr> yin gyi khyad par
la ni ma yin te khyad par gis rtags la
khyab pa mi srid pa’i phyir ro// </p>
```

図５　縮約字の処理例

TEI P5 Guidelines では縮約字として使われた文字が特殊な字である場合、あるいは、シンボルである場合には、<g> あるいは <glyph> を子要素としておくとしているが、『阿毘達磨集論釈・荘厳華』には未だそういったケースが見られていない。しかし今後、例えば、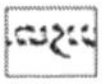のような字が縮約字として使われ、この文字で la sogs を意味する場合には、<abbr>la <g>sogs </g> </abbr> と記述することになるであろう。

なお、［1］KDSB 版で文字が判読し難い場合や、文脈上、［1］KDSB 版に従って読むことが困難な場合には、［2］lha や［3］micro に異読を探し、別の読みを取るようにしている。その際には採択した読みの根拠を脚注に記している。このような異読の情報と、そのほか特記すべきノートは、TEI P5 Guidelines 12 の規定に従って <app> 要素で記す。その子要素として <lem> には採用した読みと版本を、<rdg> には別の読みを記す。図６の処理例では、［1］KDSB 版と［3］micro では kun du bsnabs pa と書いているが、［2］lha 版の kun tu bsnams pa が適切であると判断し、本文のデータには［2］lha 版の読みを採用した。

```
(ii) gnyis pa <target n="1">kun tu <lb ed="micro"
n="26b4" /> bsnams pa</target> ni 'jam pa dang <lb
d="lha" n="28b5" /> rtsub pa yin te
```

```
<app n="1">
  <lem wit="lha">kun tu bsnams pa</lem>
  <rdg wit="KDSB, micro">kun du bsnabs pa</rdg>
</app>
```

図6　校訂注の処理例

4. 終わりに

チベット撰述注釈書に対する構造的記述は、緒についたばかりの研究分野／手法である[8]。今後どのように活用され、発展していくか想像することは難しい。ただ、本研究が現時点で期待しているのは次のようなことである。①『阿毘達磨集論』の引用文と『阿毘達磨集論釈・荘厳華』での注釈内容を紐付けることで、原文と注釈文の比較や、注釈の追跡が容易になる。②科文の見出しと本文の中に組み込まれている見出しとを紐付けることで、全体の構造を追いながら内容の把握が可能になる。③その他、利用者に必要と思われる各種のリスト、例えば引用文献リスト、人名リストなどを容易に取り出すことができる。

しかし作業を進める中ですでに様々な課題も見えてきている。例えば関連研究との対応関係を記すための処理方法などである。また、本研究が次のステップに進んだとき、つまり『カダム全集』所収の他の『阿毘達磨集論』に対する注釈書にも研究範囲を広げたとき、異なる注釈どうしの関係性を可視化するための措置が必要である。例えば、本書掲載の「ションヌ・チャンチュプ『阿毘達磨集論』註釈の思想史上の位置づけ」（彭毛才旦）で紹介された注釈書に対してXMLマークアップ作業を行うときには、チョムデン・リクレルの『阿毘達磨集論釈・荘厳華』と比較検討できるような構造が望まれるであろう。その時は、スキーマを再整備する必要が生じるであろう。

これらの課題を解決した上で、将来的には、チベット撰述注釈書を構造化記述することに特化した一種のマニュアルの確立につながることも考えられ得る。それに先立つこの研究は、「チベット撰述注釈書に対する構造化記述のマニュアルを規定するもの」というよりは「その準備に向けた一例」を示すことを目指している。

▶注

1 彼の弟子のサムテンサンポ（bSam gtan bzang po, 14世紀）が書いたとされるチョムデン・リクレルの伝記（*bCom ldan rig pa'i ral gri'i rnam thar dad pa'i ljon shing*『チョムデン・リクレル全集』vol. 1 (*ka*), pp. 41–94）は、（年代情報は乏しいが）彼が師事した先生や研究履歴、著作活動に関して詳細に述べている。

2 van der Kuijp & McKeown（2013, lxxxvii）

3 van der Kuijp（2003, 407ff.）も彼の並外れた量と多様な著作活動からみても、チベット仏教初期の論理学研究史におけるチョムデン・リクレルは独特な面があると言う。

4 加納（2007）は『カダム全集目録』第2輯に基づいてタイトルなどを訂正し（奥書に見えるタイトルを優先している）、写本原本の所蔵場所の情報を加えた作品リストを［資料2］（pp. 181–165）に提示している。また、各著者や作品に関して注記すべき内容がある場合は文末注にまとめている。

5 iとiiiは編集者によって校訂された活字本であることから、資料が煩瑣になるのを避けてiiiは検討の対象から排除した。

6 下田・永﨑共編（2019）は、SAT研究会の前史を振り返った上で、人文情報学との出会いとその研究手法を取り入れてからの経過と、SAT研究会が成し遂げたデジタル環境における仏教学の現在をまとめている。その他、SAT研究会の参加者15名によるデジタルコンテンツを利用した研究成果の報告や、デジタル環境における仏教学の研究基盤に関する議論が集められている。

7 同プロジェクトで設定・使用した具体的な構造化記述については高橋（2010）を参照されたい。なお、同プロジェクトの成果はホームページ「仏教用語用例集」（http://www.l.u-tokyo.ac.jp/~b_koshastart_index.html）を参照。

8 チベット語文献に対してXMLエンコーディングによってデータを収集・管理している別のプロジェクトとしては、Pascale Hugonと加納和雄が中心となって進行中にあるA Gateway to Early Tibetan Scholasticism（https://www.oeaw.ac.at/ikga/forschung/ tibetologie/materialien/a-gateway-to-early-tibetan-scholasticism/）がある。同プロジェクトでは、カダム派の活動がチベット仏教の思想史・学問史上、決定的な時期を占めているという観点から、『カダム全集』に対する総括的な研究に向けた基礎資料の作成を目標としている。主な作業内容としては、①各テクストに関する詳しい書誌情報、②冒頭偈・末尾偈・奥書などの校訂と英訳の作成である。

▶参考文献

・Schaeffer, Kurtis R. and van der Kuijp, Leonard W. J. 2009. *An Early Tibetan Survey of Buddhist Literature: The bsTan pa rGyas pa rGyan gyi Nyi 'od of bCom ldan ral gri*. Harvard Oriental Series. Cambridge, MA: Harvard University Press.

・van der Kuijp, Leonard W. J. and McKeown, Arthur P. 2013. *Bcom ldan ral gri*

(*1227–1305*) *on Indian Buddhist Logic and Epistemology: His Commentary on Dignāga's Pramāṇasamuccaya.* Wiener Studien zur Tibetologie und Buddhismuskunde. Wien: Arbeitskreis für Tibetische und Buddhistische Studien, Universität Wien.

・van der Kuijp, Leonard W. J. 2003. "A Treatise on Buddhist Epistemology and Logic Attributed to Klong chen Rab 'byams pa (1308–1364) and its Place in Indo-Tibetan Intellectual History." *Journal of Indian Philosophy* 31: 381–437. https://doi.org/10.1023/A:1025024301382.

・加納和雄 2007「ゴク・ロデンシェーラプ著『書簡・甘露の滴』――校訂テクストと内容概観――」『高野山大学密教文化研究所紀要』20: 162–105.

・後藤真他 2018「構造化記述されたテクストの基盤整備に向けて：延喜式の TEI マークアップを事例に」『じんもんこん 2018 論文集』243–248.

・下田正弘・永﨑研宣共編 2019『デジタル学術空間の作り方』文学通信 .

・高橋晃一 2010「TEI P5 を利用した仏教用語集作成に関する諸問題」『じんもんこん 2010 論文集』125–130.

Chapter 6

チベット仏教文献研究の覚書

――源流・内在・幻出――

根本裕史

1. 何のためにチベット仏教文献を学ぶのか

かつてチベット東部アムド地方のシャキュン僧院（bya khyung）を訪れたことがある。丘の上にそびえる僧院から下界を見下ろすと、真っ青な黄河が褐色の大地をゆったりと流れていた。黄河は上流域においては黄色ではなく青色であることをその時初めて知った。この青い曲線をどこまでも遡って行くと、源流にはどのような景色が広がっているのだろうか。そのようなことを思いながら、チベット高原の白く霞んだ空と、褐色の大地と、真っ青な黄河に眼を遣った。

人間にはおそらく本能的に、物事の根源を見極めたいという欲求がある。眼下に流れる黄河を見下ろしながら、その源流の一歩手前に憧れを抱く者や、本流から分かれ出た名もなき支流に思いを馳せる者などいるはずがない。

黄河を見る者がその源流に憧憬を抱くのと同じように、仏教思想の根源を見極めたいと望む者が、パーリ語やサンスクリット語で書かれたインドの仏典に関心を向けるのは極めて自然なことである。ところが、チベット仏教文献を研究する私達は、サンスクリット原典から翻訳されたチベット語の仏典や、それに対するチベット人の註解を懸命になって読んでいる。私達は根源に向かわずして、一体どこに向かって行くのか。

当然ながら、チベット語を母語とする人達にとっては、それらの文献を読むことに正当な理由がある。彼らがチベット語訳の仏典やその註解を読むのは、ちょうど日本人の仏教者が大正新脩大蔵経や『冠導阿毘達磨倶舎論』に親しむのと同じことであるから。しかし、チベット語を母語としない日本人や欧米人の研究者が、敢えてインドで成立したパーリ語・サンスクリット語の仏典を書棚の片隅に追いやり、チベット語に翻訳された仏典や、さらにはチベット人によって書かれた註解を読むという行為をいかにして正当化できるのか。それは黄河の源流に向かわずして、支流の隘路に分け入ることに等しいのではないのか。これらはチベット仏教文献研究に携わる者が必ず向き合わなければならない問いである。

もちろん、インドで成立したサンスクリット語による経典・論書の全てが現存するのではないから、サンスクリット原典の不備を補うために、完全訳として伝わるチベット語仏典に頼らざるを得ないという状況は当然起こり得る。そこで用いられるのは文化人類学における「代替フィールド」によく似た手法である。すなわち、外国人がチベット自治区で現地調査を実施するのが困難である場合に、調査可能なチベット自治区外の代替地域（例えばネパールのチベット系住民が居住する地域など）で現地調査を行ない、それに基づいてチベット研究を進めていくといった方法である。インド仏教文献の「代替フィールド」としてチベット仏教文献を読解し、それに基づいてインド仏教の諸相を明らかにするという研究は現在に至るまで数多くなされてきた。殊に、利用可能なサンスクリット原典が限られていた時代においては、それはやむを得ない話であった。かつて大乗仏教の源流を求めてチベットに入った河口慧海は『チベット旅行記』の冒頭で次のように述べている。

「ところでこのごろ原書はインドにはほとんどないらしい。もっともセイロンには小乗の仏典はあるけれどもそれはもちろん我々にとって余り必要のものでない。最も必要なのは大乗教の仏典であります。しかるにその大乗教の仏典なるものは仏法の本家なるインドには跡を絶って、今はネパールあるいはチベットに存在して居るという。その原書を得る為にはぜひネパールあるいはチベットに行かなくてはならぬ。なお欧米の東洋学者の説によるとチベット語に訳された経文は文法の上からいうても意味の上からいうてもシナ訳よりも余程確かであるという。その説はほとんど西洋人の間には確定説のようになって居ります。はたしてチベット語の経文が完全に訳せられてあるものならば、今日の梵語の経文は世界にその跡を絶ったにしてもそのまたチベット語に訳された経文によって研究することが出来る。なおチベットの経文と漢訳の経文とを比較して研究するのも余程学術上面白い事でもありまた充分研究すべき価値のある事であるから、これを研究するにはぜひチベットに行ってチベット語をやらなければならぬという考えが起りました。この考えがつまり入蔵を思い立った原因でありまして、(以下省略)。」(河口 2015: 36)

ここで河口慧海は入蔵を思い立った動機として二点を挙げている。第一に、大乗経典の「原書」すなわちサンスクリット写本がネパールやチベットに残されているためであり、第二に、原典に忠実なチベット語訳仏典の研究の重要性を鑑み、チベットに行ってチベット語を習得する必要性があると考えたためである。もし第一の点のみであれば、行先はネパールでも良かったということになるから、彼の入蔵の決め手となったのは、やはり第二の点であろう。河口慧海にとって重要であったのは、インド大乗仏教の源流に可能な限り接近することなのであり、チベット人に固有の思考様式を探ることでもなければ、チベット高原の風土を明らかにすることでもなかった。チベット語訳仏典はサンスクリット原典の代替物としての価値を持つものでしかなかったということになる。実際、河口慧海の旅行記には、チベットの人々に対する偏見に基づく言葉が多く見られるが、それはチベットそのものに対する彼自身の愛情の欠如を示しているように思われる。

「代替フィールド」としてのチベット仏教文献に対する研究は、欧米でも日本でも広く行われてきたし、その成果を否定する者は誰もいないはずである。しかし、その種の研究はチベット人の思惟の本質を明らかにするものではない。いわば「チベット人不在」のチベット仏教文献研究である。私達はサンスクリット語から翻訳されたチベット語の仏典を、チベット語文法に従ってそのまま理解するのではなく、常に頭の中でサンスクリット原文を想定しながら「サンスクリット化されたチベット語」を読むという作業を行なっている。原文の想定が上手くできた時にはチベット語の翻訳の正確性を称えるが、理解不可能なチベット語訳に出くわし、かつ対応するサンスクリット原典が得られない時には、チベット人翻訳者の過失のせいで読めないのであるとしてチベット人を非難する。私達がいつも行なっているのはこうした仕事である。だが、果たして全ての場合にこうした研究方法が適切といえるであろうか。私達がチベット人や彼らの言語から学ぶことは何もないと、どうして断言できるのだろうか。

2. チベット語訳の諸問題

チベット仏教文献研究の核心に迫る前に、チベット語訳の諸問題について考えてみたい。既に見たように、「代替フィールド」としてのチベット仏教文献研究を可能にしてきたのはチベット語訳の正確性である。では、チベット語訳はどの程度まで正確なのか。そして、それが正確な翻訳であるということは何を意味するのか。以下ではこの二点について検討する。

▶2.1 チベット語訳の特徴

河口慧海も指摘していたように、チベット語訳と漢訳との間には確かに明確な違いがある。多くの場合においてチベット語訳は逐語的であるのに対し、漢訳は意訳を多く含み、時として原文にない追加を行なっている。北宋時代に漢訳の制作現場となった訳場の様子は志磐の『佛祖統紀』に記録されている（船山 2013: 58ff.）。同書によると、［1］訳主がサンスクリット文を音読し、［2］訳主の左隣に座った証義がサンスクリット文に問題がないかを確認し、［3］訳主の右隣に座った証文が訳主の読みに誤りがないか確認し、［4］梵学僧がサンスクリット文を漢字で音写して書き取り、［5］筆受が音写されたサンスクリット文を漢語に訳し、［6］綴文が語順を入れ替えて、意味の通る文章にし、［7］参訳がサンスクリット文と漢文を比較して間違いがないか確認し、［8］刊定が冗長な箇所を削除して文章を簡潔にし、［9］潤文官が訳語を再確認し、必要があれば潤色する。このようにして訳場に集まった九人の構成員が役割を分担し、漢訳を制作するのである。ここで注目されるのは最後に登場する潤文官の役割である。例えば有名な『般若心経』の「度一切苦厄」という文言は元々サンスクリット原文になかったものであり、潤文官によって追加された言葉であることが知られている[1]。

では、チベット語訳の場合はどうかといえば、『二巻本訳語釈』（*Sgra sbyor bam gnyis*, 814 年成立）の序文によると、パンディタ（paṇḍita）と呼ばれるインド人学者[2]と、ロツァーワ（lo tsā ba < lokacakṣus「世界の眼」）と呼ばれるチベット人翻訳師の共同作業によって、およそ次のような指針に基づいて翻訳が作成されていた（石川 1993: 5ff.）。

1. 仏典翻訳の原則：内容に矛盾がなく、チベット語としても理解し易くする。
2. 語順に関する規定：原則はサンスクリットの語順通りとするが、韻文の場合など、原文の語順通りに訳すのが難しいならば、語順に変更を加えてもよい。
3. 多義語の翻訳法：一つの語に複数の意味がある場合には、適切な意味を伝える訳語を選択する。一つの訳語に決定できないならば、サンスクリットの語形をそのまま残して音写する。

4. 様々な解釈が可能な語の翻訳法：訳者の解釈を入れずに、一般的な意味を取って訳す。
5. 地名・人名・植物名などの翻訳法：誤解される可能性があるものについては、語頭に yul（～国）、me tog（～花）などの語を添えた上、サンスクリット語の音写を用いる。
6. 数の翻訳法：例えばサンスクリット語で「12.5 × 100 の比丘によって」（ardhatrayodaśabhir bhikṣuśataiḥ）と表現されるものを、単純に「1250（stong nyis brgya lnga bcu）の比丘によって」と訳してよい。
7. 動詞前接辞（upasarga）の翻訳法：pari-、sam-、upa- などの前接辞を、対応する yongs su、yang dag par、nye bar といったチベット語に置き換える。
8. 同義語の翻訳法：複数のサンスクリット同義語が並べて置かれる箇所については、チベット語で訳し分けてもよいが、一語にまとめて訳してもよい。訳し分けをしない場合は、一般に流布している平易なチベット語を用いる。
9. 敬語表現の使用法：仏陀に対しては最高級の敬語表現を、菩薩や声聞などに対しては中程度の敬語表現を用いる。

この中に「潤色」に該当する項目は含まれていない。チベットの翻訳者が最大の注意を払ったのは、サンスクリット原典をいかに正確にチベット語で再現するかという点である[3]。インド人学者との共同作業によって得られた知見と、ここに定められた翻訳の指針が、チベット語訳の精度を高めることにつながったのであろう。一般に漢訳仏典には、サンスクリット原典に忠実であることよりも、漢字文化圏の中で広く理解されることを重視する傾向が見られるのに対し、チベット語訳にはそのような特徴はない。

むしろ、チベット語訳はサンスクリット原典の完全なる複製たることを目指しており、チベット人読者に寄り添った分かり易い解釈を提供するよりも、むしろ読者の側にサンスクリット的な文体への習熟を要求するものとなっている。

何よりも注意しなければならないのは、「正確な翻訳」は必ずしも「読み易い翻訳」ではないという点である。読者や読者を取り巻く環境がある程度成熟していない限り、それは適切な意味を伝えることができない。チベット語訳の文体というのは、例えて言うならば、英語の cool as a cucumber に由来する「キュウリのようにクール」という翻訳調の表現を敢えて和文の中に散りばめる村上春樹の文体のようなものかもしれない。元の英語を知らないと村上春樹のユーモアを理解できないのと同じように、サンスクリット語に特徴的な複合語の用法や関係詞構文などを知らないと、この言語に影響されたチベット語訳の独特の表現は理解できないはずである。例えば仏教詩人アシュヴァゴーシャ（Aśvaghoṣa: 2 世紀）作『ブッダチャリタ』（*Buddhacarita*）のチベット語訳と、チベット民間で歌い継がれているダライ・ラマ六世（1683–1706）の恋愛歌の文体を見比べれば、その違いは一目瞭然である。チベット語を母語としチベット文化圏で育った者であれば、その多くがダライ・ラマ六世の歌の意味を理解するが、『ブッダチャリタ』のチベット語訳を読んで誰もが正確に理解できるとは思えない。翻訳調の古典チベット語の文章は、独特のインド的な味わいをもたらすものであるにせよ[4]、読者がそこから理解を深めようと思うならば、どうしても註釈書の手引きや、師からの教示に頼る必要がある。原典の完全なる複製を目指した「正確な翻訳」は、言葉の先にある意味理解の道を照らしてくれないのである。一方、註釈も存在せず、伝統教学での研究対象にもならない『ブッダチャリタ』のような作品を読み解くための有効なツールは、少なくともチベット文化圏の読者には与えられていない。

▶2.2 『入菩提行論』のチベット語訳

ところで、チベット語訳が正確であるという評価は、あくまでも漢訳との比較のもとで認められるものに過ぎない。というのも、チベット語訳は必ずしも私達が期待する程には正確でないからである。そうした事例はいくらでもあるが、ここではシャーンティデーヴァ（Śāntideva: 685 頃 –763 頃）の『入菩提行論』（*Bodhicaryāvatāra*）第 2 章 43 詩節のサンスクリット原文と、翻訳師ゴク・ロデン・シェーラブ（Rngog blo ldan shes rab: 1059–1109）によって改訂がなされたチベット語訳を見比べてみたい。

> anityajīvitāsaṅgād idaṁ bhayam ajānatā |
> pramattena mayā nāthā bahupāpam upārjitam ||（BCA II 43）
> 「守護者達よ、放逸なる私はこのような恐ろしいことになるとも知らずに、はかない命への執着のせいで（anityajīvitāsaṅgāt）多くの罪を犯してしまった。」

> mgon po bag med bdag gis ni | | 'jigs pa 'di 'dra ma 'tshal nas | |
> mi rtag tshe 'di'i ched dag tu | | sdig pa mang po nye bar bsgrubs | |（BCA D 5b4）
> 「守護者達よ、放逸なる私はこのような恐ろしいことになるとも知らずに、はかないこの命のために（mi rtag tshe 'di'i ched dag tu）多くの罪を犯してしまった。」

サンスクリット原文の第 1 詩脚にある āsaṅga「執着」という語が、チベット語訳には反映されていない。プトゥン・リンチェンドゥプ（Bu ston rin chen grub: 1290–1364）は『入菩提行論』のサンスクリット写本を実際に見ていた数少ない註釈者の一人である。プトゥンはサンスクリット原文を意識し、自身の註釈の中で chags pa「執着」という語を補って解釈しているが、上掲のチベット語訳のみからその解釈を導き出すのは、おそらく困難であっただろう[5]。同じく『入菩提行論』の第 2 章 47 詩節においても原文と翻訳の相違が顕著に見られる。

trāṇāśūnyā diśo dṛṣṭvā punaḥ saṁmoham āgataḥ |
tadāhaṁ kiṁ kariṣyāmi tasmin sthāne mahābhaye || (BCA II 47)
「救済者のいない四方を見ると、私は再び迷妄に陥ってしまう。その時、非常に恐ろしいその場所で（tasmin sthāne mahābhaye）、私はどうすれば良いのであろうか。」

phyogs bzhir skyabs med mthong nas ni | | de nas kun tu yi mug 'gyur | |
gnas der skyabs yod ma yin na | | de tshe bdag gis ji ltar bya | | (BCA D 5b6)
「四方に救済者がいないのを見ると、私は再び迷妄に陥ってしまう。その場所に避難所がないとするならば（gnas der skyabs yod ma yin na）、その時、私はどうすれば良いのであろうか。」

第 4 詩脚の tasmin sthāne mahābhaye「非常に恐ろしいその場所で」が、チベット語訳では gnas der skyabs yod ma yin na「その場所に避難所がないとするならば」となっている。プトゥンはサンスクリット原文と翻訳のずれを正しく指摘しているが、彼にそれができたのは、実際にサンスクリット写本を見ていたからである[6]。

▶2.3 『入中論釈』のチベット語訳

次に検討したいのは中観派チャンドラキールティ（Candrakīrti: 600–650

頃）の主著『入中論釈』（*Madhyamakāvatārabhāṣya*）のチベット語訳である。翻訳師パツァプ・ニマタク（Pa tshab ni ma grags: 1055–1145 頃）によって改訂されたこのチベット語訳は比較的精度が高い部類に属すると思われるが、実はこの翻訳にすら完全性を求めることはできない。ここに紹介するのは『入中論』（*Madhyamakāvatāra*）冒頭詩節の madhyabuddha という表現に関する釈文の一節である。madhya は「中間の」、buddha は「覚者」であるから、madhyabuddha とは「中覚者」すなわち声聞より優れているが仏世尊には劣る中程度の覚者、pratyekabuddha「独覚」のことである。チベット語では逐語的に sangs rgyas 'bring rnams と訳されている（sangs rgyas = buddha, 'bring = madhya, rnams = 複数助詞）。これに関して翻訳上の問題はない。しかし、問題があると思われるのは、複合語 madhyabuddha を構成する buddha という単語に関する次の釈文のチベット語訳である。

> sangs rgyas kyi sgra 'di sangs rgyas kyi de nyid nyan thos dang rang sangs rgyas dang bla na med pa yang dag par rdzogs pa'i sangs rgyas gsum car la yang 'jug ste | des na sangs rgyas kyi sgras rang sangs rgyas dag bsnyad do | | （MABh $_{LVP}$ 3.18ff.）

サンスクリット原語を想定してこのチベット語を訳すと次のようになる。

> 「buddha（sangs rgyas）というこの語は『真実を覚った者』（sangs rgyas kyi de nyid, *buddhatattva）を意味し、声聞、独覚、無上正等覚者の三者いずれにも適用される。したがって、〔ここでの〕buddha という語は独覚を表している。」

sangs rgyas kyi de nyid というチベット語から buddhatattva[7] という原語を想定すれば、この文章を困難なく理解できる。buddha-tattva は具格の所有複合語（Instrumental Bahuvrīhi）であり、「真実を覚った者」と読める。ところが、sangs rgyas kyi de nyid というチベット語は「仏陀の真実」という意味になってしまう[8]。おそらくパツァプは buddha-tattva を属格の格限定複合語（Genitive Tatpuruṣa）と解釈し、buddha を過去分詞（「〜を覚った」）ではなく実名詞（「覚者」「仏陀」）とみなしたのであろう。だが、今の場合、「仏陀の真実」では意味をなさない。このチベット語訳はそれ自体で理解可能なものではなく、サンスクリット原語を想定することによってはじめて有意味となるのである。

当該の釈文のチベット語訳に問題があることは、チベットでも古くから広く認識されていたようである。レンダーワ・ションヌ・ロドゥ（Red mda' ba gzhon nu blo gros: 1348–1412）の註釈にはそのことを仄めかす記述が既にあり、彼の弟子であったツォンカパ・ロサンタクパ（Tsong kha pa blo bzang grags pa: 1357–1419）の註釈『密意解明』（*Dgongs pa rab gsal*）においては、sangs rgyas は誤訳であるとの指摘がなされる。ここではツォンカパの法統を継承するゲルク派の学者ジャムヤンシェーパ・ガワン・ツォンドゥ（'Jam dbyangs bzhad pa ngag dbang brtson 'grus: 1648–1721）が提示する問答形式の議論を見てみよう。ジャムヤンシェーパは sangs rgyas kyi de nyid を「非常に劣悪な翻訳」（'gyur shin tu mi legs）とみなし、次のような議論を展開している。

> 「これに対して彼が次のように言う――［a］自註にある『buddha（sangs rgyas）というこの語は真実を覚った者（sangs rgyas kyi de nyid, *buddhatattva）を意味し、声聞、独覚、無上正等覚者の三者いずれにも適用される』という説明は妥当でないことが帰結する。［b］sangs

rgyasという語が声聞・独覚・仏陀の三者に適用されることはないゆえに——。
〔回答しよう。論拠［b］と帰結［a］の間の〕論理的必然性は成立しない。これは非常に劣悪な翻訳なのであって、sangs rgyas kyi sgra 'di sangs rgyas kyi de nyidという表現の意味は、開悟を意味するこの語が、真実を開悟した者（de nyid khong du chud pa）である声聞・独覚・仏陀の三者いずれにも適用されるということであるゆえに。buddhaという語を必ずしも〔チベット語で〕sangs rgyasと訳す必要はないゆえに。そのことが帰結する。buddhaという語は、『眠りからの覚醒』、『睡蓮の花びらの開花』、『賢者』などの複数の意味で用いられるゆえに。」[9]

サンスクリット語のbuddhaは多義語であるので、それをチベット語に翻訳する時には、文脈に応じてsangs rgyas「覚者」「仏陀」、khong du chud pa「〜を開悟した」「開悟者」、gnyid sad pa「眠りからの覚醒」、pad 'dab rgyas pa「睡蓮の花びらの開花」、mkhas pa「賢者」などの表現を使い分けなければならない。ここで相応しいチベット語はsangs rgyasではなく、khong du chud paである。そして、buddhatattvaの訳語として適切なのはsangs rgyas kyi de nyid「仏陀の真実」ではなく、de nyid khong du chud pa「真実を開悟した者」である。

引用文中でジャムヤンシェーパが問題視しているのは、buddhaという語がsangs rgyasと訳されているというその一点のみであるようにも見えるが、彼はde nyid khong du chud pa「真実を開悟した者」という複合語の正しい解釈をさりげなく提示していることから、単に訳語選択の過失のみを批判したかったのではないであろう。ツォンカパの『密意解明』などの先行の諸註釈を良く検討し、なおかつサンスクリット文法学にも通じていた彼は、sangs rgyas kyi de nyidに対応するサンスクリット原語が具格の所有複合語であることを何らかの仕方で見抜いていたに違いない。

ここで注目すべき点は、『入中論釈』のチベット語に誤訳が含まれていたということではない。それよりも大事なのは、『入中論釈』のサンスクリット原文を見ていなかったはずのジャムヤンシェーパ（および彼に先行するチベット人註釈者達）が sangs rgyas kyi de nyid の誤訳に気づき、しかもその誤訳から見事に正しい解釈を導き出しているという事実である。ここに驚きを覚えずにいられない。そして、このことが可能であったとするならば、私達はチベットの学者達にならって、「誤訳」を正しく読む方法について真剣に考え直すべきかもしれない。

難解なチベット語訳が読めない原因を、チベット人翻訳者の過失に求めるのは簡単なことである。しかし、私達はいつからチベット人以上にチベット語が読めるようになったのだろう。私達は正しいチベット語の読み方を本当に知っているのだろうか。仏典のチベット語訳やチベット撰述註釈から学ぶべきことが、まだ豊富にあるのではないだろうか。

3. チベット仏教文献の価値

▶3.1 ウィリアム・ジェイムズの視点

「意識の流れ」や「純粋経験」の理論を提唱したことで知られるウィリアム・ジェイムズ（William James: 1842–1910）は、仏教を学ぶ者にとって重要な思想家である。彼が 1901 年に発表した『宗教的経験の諸相』（*The Varieties of Religious Experience*）は、不可視の絶対者への接近や回心といった個人の宗教的経験という現象に真摯に向き合い、それを可能な限り客観的に分析しようとする試みであった。かの鈴木大拙が西田幾多郎に読むことを勧めたと言われている名著である。

さて、『宗教的経験の諸相』の第一講「宗教と神経学」には同書の方法論が示されているのだが、その中に次の一節がある。

「最近の論理学書では、いかなる事柄についても、質問に二つの種類が区別されている。第一は、その本性は何か？ いかにしてそれは生起したのか？ その構造、起源、歴史は何か？ という質問である。第二は、ひとたびそれが存在するにいたったからには、その価値、意味あるいは意義は何であるか？ という質問である。前者に対する解答は、存在判断あるいは存在命題の形で与えられる。後者に対する解答は、価値命題、ドイツ人のいわゆる価値判断 Werturteil である。あるいは、なんなら精神的判断と呼んでもよいものである。どちらの判断も、一方から他方を直接に演繹してくることはできない。両者はそれぞれ異なる知的活動に由来するものであり、精神は、はじめ両者を分離しておいて、その後で両者を加え合わせるという方法によってはじめて、両者を結合するのである。」（W・ジェイムズ、（訳）桝田啓三郎 1969: 16f.）

この文章に続けて、ジェイムズは宗教的現象に関しても、その本性や歴史に関する問いと、その存在意義に関する問いの二つを区別することが可能であると述べた上で、特に後者の問いから導き出される精神的判断（spiritual judgment）の重要性を強調している。

「いったい、いかなる伝記的な条件のもとに、聖書の作者たちはそれぞれの記録を編んで、聖書の完成に寄与したのか？ 彼らが聖書に記されているような言葉を述べた時に、彼らめいめいの心にいったいいかなる観念が抱かれていたのか？ これらのことは明らかに歴史的事実に関する問題であって、それに対する解答が、さらにそれ以上の問題を、つまり、そのように成立の事情を明らかにされたそのような書物が人生の指針や啓示としていかに役立つか、という問題を、ただちに解決しうるとは思えないのである。このもう一つの質問に答えるためには、私たちは、啓示という目的に適うだけの価値をその書物に与える事物のその特質は何か、ということに関して、ある一般的な原理をすでに心に持っていなければならない。そしてこの理論こそ、私がいましがた精神的判断と呼んだものにほかならないのである。」（W・ジェイムズ、（訳）桝田啓三郎 1969: 17）

ジェイムズが重視するのは、偉大な魂を持った人間の内的経験である。それは存在判断あるいは存在命題の形では決して把握され得ないものである。そして、彼によれば、聖書という書物は、それが内的経験の真実なる記録（a true record of the inner experiences）として見られた時にこそ、はじめて人に啓示を与えるものとなるのである。

同じようなことは、チベット仏教についても言えるであろう。もしツォンカパやジャムヤンシェーパといった偉大な魂によって書かれた著作を、インド仏教の経典と論書に対する単なる註釈書とみなし、そこに現れる概念の定義や起源のみを考察するならば、存在判断にとどまった表層的な研究が結果してしまう。しかし、もしそこに精神的判断を加えることができるならば、ちょうど聖書が敬虔なキリスト者に啓示を与えるのと同じように、チベット撰述文献も私達に重要な啓示を与える書物となり得るはずである。問題はその精神的判断をどのように実現するかである。

▶3.2 内在史と時間論

ここでトム・ティレマンス（Tom J. F. Tillemans）にならって、外在史（external history）と内在史（internal history）の区別について考えてみたい[10]。もともとイムレ・ラカトシュ（Imre Lakatos: 1922–1974）の科学哲学の議論の中にあったこれらの概念を、ティレマンスは次の意味で用いている。すなわち、外在史とは当該の哲学者によって実際に語られた事柄や、実際に起こった出来事に関わるものであり、内在史とは当該の哲学者の考えから論理的に導き出される帰結、すなわち彼が実際には語っていないとしても充分に語り得たであろう事柄に関わるものである。こうした観点から見れば、ツォンカパは間違いなく内在史のスペシャリストであったということになる。

例えば、ツォンカパの『正理大海』（*Rigs pa'i rgya mtsho*）や『密意解明』で論じられる重要なテーマの一つに時間論というものがある[11]。彼はチャンドラキールティによって代表される帰謬論証派が他の学派には見られない独自の時間論を打ち立てていると考え、その特色を述べている。『中辺分別論』（*Madhyāntavibhāga*）、『阿毘達磨集論』（*Abhidharmasamuccaya*）、『四百論疏』（*Catuḥśatakaṭīkā*）などの大乗仏教論書が示す所によると、現在とは原因によって生起しているが未だ消滅していない段階にある事物であり、未来とは事物の未生起状態であり、過去とは事物の消滅状態である。ツォンカパはこのような三つの時間の性格を帰謬論証派のみならず、経量部、唯識派、自立論証派が共通して受け入れていると考える。その上で彼は次のように議論を進める。経量部等の三学派にとって実在するのは現在のみであり、未来と過去は非実在である（「現在有体過未無体」）。それに対し、帰謬論証派によれば三つの時間が等しく存在し、かつ結果を生み出す能力を具えている。例えば現在の壺（1）が次の刹那の壺（2）を生み出す時、過去の壺、すなわち壺の消滅状態という事物が発生する。そして、ちょうど現在の壺（1）が次の刹那の壺（2）を生み出すのと同じように、壺の消滅状態（1）は次の刹那の消滅状態（2）を生み出す。

この独特の時間論が重要であるのは、仏教の業報思想を合理的に説明することを可能にするからである。衆生がある刹那に行なった行為は、直後に消滅して姿を消すが、それは同時に過去の行為、すなわち行為の消滅状態という事物をもたらす。そして、その行為の消滅状態が次刹那に自らと同種のものを生み出すという現象が連鎖的に起こり、やがて最終段階に達した消滅状態が最初の行為の果報（異熟果）を生み出す。

むろん、チャンドラキールティ自身がこのような理論を実際に語っているのではない。それゆえ、サキャ派のコラムパ（Go rams pa: 1429–1489）は、これはツォンカパの「新説」（gsar pa brjod pa）に過ぎないという厳しい非難の言葉を浴びせている。つまり、ツォンカパが論じるような「帰謬論証派の時間論」は、文献上どこにも証拠はなく、単なる捏造であるというのである。コラムパが述べているのは、外在史の観点からの批判である。しかし、ツォンカパは決してそのような観点で思想史を理解しようとしたのではない。彼が論じているのはむしろ内在史の問題である。チャンドラキールティの著作に見られる幾つかの記述の断片から推し量ると、このような時間論が論理的に帰結するはずである、このような理論を彼は語り得たはずである、ということにツォンカパは最大の関心を向けるのである。それゆえ、外在史の観点からのツォンカパ批判は無意味である。彼が論じる「帰謬論証派の時間論」が意味をなすようになるのは、私達自身が内在史に目を向け、そこから何らかの価値判断もしくは精神的判断を導き出すことに成功した時である。ツォンカパ研究に求められるのは、仏教思想史をその外部の視点から捉えようとするエティック（etic）なアプローチではなく、ゲルク派僧院の伝統の内部から捉えるイーミック（emic）なアプローチである。

▶3.3 法処色の問題

さらに、ツォンカパやジャムヤンシェーパの著作に現れるもう一つの興味深い議論に注目してみたい。それは唯識批判の中で登場する「法処色」（dharmāyatanarūpa）をめぐる議論である。簡単に言えば、私達が夢や幻の中で見ているものは一体何なのかという話である。

唯識派は「夢の認識」という喩例を用いて唯識無境を主張する。すなわち、ちょうど夢の中では対象なしに認識のみが起こるのと同じように、色形などの認識もまた対象なしに生じるのであると。この「夢の認識」という喩例を中観派のバーヴィヴェーカ（Bhāviveka: 490–570 頃）は批判している。彼によると、夢の中でも対象なしに認識が生じることは決してなく、それゆえ、「夢の認識」は唯識説を確立する正当な喩例にならない。というのも、睡眠状態においては、眼識の把握対象である色処は顕現しないものの、意識の把握対象である法処が顕現するからである。バーヴィヴェーカは、夢の中に現れる馬や象の色形は、色処ではなく法処という範疇に属する特殊な物質、つまり法処色であると考える。そして、睡眠状態と覚醒状態のいずれにおいても認識機能・認識対象・認識（根・境・識）の三者が等しく成立するゆえに、唯識無境という考えは合理的でないと論じる。

一方、同じ中観派のチャンドラキールティは唯識説を批判するのであるが、彼の批判の仕方はバーヴィヴェーカのそれとは全く違っている。チャンドラキールティは睡眠状態であれ、覚醒状態であれ、認識機能・認識対象・認識の三者は等しく成立しないと考え、それを根拠に「夢の認識」の喩例は有効でないと主張する。以下は『入中論釈』からの引用である。

「ちょうど〔外界の〕色（しき）が知覚される時、眼と色と意識の三者組が近接するように、夢の中でも対象が切り取られる時には三者の集結が認められる。しかし、そこにおいては眼と色の二者が非実在であるように、眼識も実在ではない。」[12]

「一方、ある者は次のように考える——夢の中でも、法処に属する

> 色が意識の把握対象として存在する。したがって、もし認識対象がなければ、認識は決して存在しない。だが、彼の〔考え〕も正しくない。夢の中では、まさしく全面的に、三者組が存立し得ないからである。」[13]

ヌル・ダルマ・タク（Gnur dharma grags）によってサンスクリット語で書かれた註釈『ラクシャナ・ティーカー』（*Lakṣaṇaṭīkā*）によれば、「ある者」とはバーヴィヴェーカである（Yonezawa〔2019: 228〕: yas tv iti Bhāvivekaḥ）。ツォンカパの註釈『密意解明』でも、ここで批判される論者は「軌範師バーヴィヴェーカ」（slob dpon Legs ldan）であると明言される。内容から考えても、ここで批判される「ある者」はまさしくバーヴィヴェーカであると見て良いであろう。

バーヴィヴェーカは世俗諦の観点から認識機能・認識対象・認識の三者が等しく成立することを説くが、チャンドラキールティは無自性論の観点から三者が等しく不成立であることを説く。後者によれば、夢の中に現れる馬や象の色形も、それに関わる認識機能も、認識も、自身に固有のあり方（自性）に基づいて存在しないという点で共通している。三者組の中のあるものは存在し、あるものは存在しないといった区別は成り立たない。それゆえ、認識の実在性を認める一方で、認識対象の実在性を認めないという唯識派の考えは妥当でない。これがチャンドラキールティの結論である。

では、果たしてチャンドラキールティは、バーヴィヴェーカのように法処色という概念を認めるのであろうか。『入中論釈』の短い記述からは、いかようにも理解できそうである。そもそも彼は「私達が夢の中で見ているものは一体何なのか」、「法処に含まれる色というものがあるのか」といった問題にあまり関心を持っていなかったのかもしれない。しかし、ツォンカパはチャンドラキールティも法処色を認めているはずであると断言する。例えば夢の中に現れる色形や、不浄観を実践する瑜伽行者が頭の中で思い浮かべる骸骨の姿などは法処色である。また、それらは『阿毘達磨集論』に挙げられる五種の法処色の内、概念構想された色（Skt. prakalpita, Tib. kun brtags pa, Ch. 遍計所起色）に相当するものであるという。『阿毘達磨集論』に説かれる五種の法処色とは以下のものである。

>「法処に属する色とは何かと言うならば、それは五種あると考えるべきである。すなわち、[1] 極小の色（極略色）、[2] 空洞に属する色（極迥色）、[3] 受け入れ行為から生じる色（受所引色）、[4] 概念構想された色（遍計所起色）、[5] 自在力から生じる色（定自在所生色）である。」[14]

諸註釈に従って各々の具体例を挙げると、[1] 極微、[2] 暗闇などの中で意識内に顕れる青白い空間[15]、[3] 戒律の受け入れによって生じる別解脱律儀（prātimokṣa）[16]や、行為決定の受け入れによって生じる無表色（avijñapti）[17]など、[4] 夢の中に現れる馬・象・家や、不浄観における骸骨あるいは青黒く変化した死体[18]など、[5] 地遍処・水遍処などの禅定によって意識内に作り出される地・水などである。これらは全て眼識には顕れず、意識にのみ顕れる対象であることから、色処ではなく法処とみなされる。

ジェーパ・ションヌ・チャンチュプ（'Jad pa gzhon nu byang chub: 1150頃 –1210頃）[19]の註記が示すように、五種の法処色の内、特に後者二つは瑜伽行の実践に由来するものである[20]。『阿毘達磨集論』の存在論が瑜伽行に裏付けられていることの証左と言えよう。しかし、ツォンカパは五種の法処色が瑜伽行派のみに固有の概念であるとは考えない。彼は『密意解明』で次のように述べている。

「五種の法処色というのは実在論者の定説によって妄想されたものではなく、経典にも説かれており、〔チャンドラキールティ〕ご自身もその通りにお認めになっている。」[21]

認識の実在性を説く瑜伽行派がここでは「実在論者」と呼ばれている。五種の法処色の幾つかは瑜伽行の実践から見出されたものであるに違いないが、瑜伽行派に固有の教条ではなく、経典中にその起源が見出されるその概念をチャンドラキールティも認めているはずであるとツォンカパは考える。言うまでもなく、今の文脈でツォンカパが念頭に置いているのは外在史ではなく内在史である。チャンドラキールティが自ら五種の法処色に直接言及しているのではないが、瑜伽行の実践を否定しているのでもないし、夢の経験そのものを否定しているのでもない。それゆえ、仮に彼が『阿毘達磨集論』を知っていたならば、そこに説かれる五種の法処色の説を受け入れることは充分にあり得る話であったであろう。ツォンカパはこのような想定の下に議論を行なっているのである。

五種の法処色の各々がいかなる経典に由来するかは明らかでないが、少なくとも夢に現れる事物に関しては、大宝積経の『バドラパーラ長者の問い』（*Bhadrapālaśreṣṭhiparipṛcchā*）に関連の記述が見られることをジャムヤンシェーパが指摘している。この経典はチベット大蔵経カンギュル（仏説部）に見出される他、バーヴィヴェーカの『正理炎』（*Tarkajvālā*）第五章にも引用される。伝本によって字句の異同があるが、ジャムヤンシェーパの引用に従って和訳を示すと次のようになる。

「バドラパーラよ、盲人の夢の中での色形などの知覚は、知に包摂される眼（shes pas bsdus pa'i mig）による知覚であって、肉眼（sha'i mig, *māṁsacakṣus）による知覚ではない。」[22]

視覚能力を持たない人も夢の中で色形を認識することがあるという。経典によれば、その認識は肉眼によるものではなく、知に包摂される特殊な眼によるものである。この文言は、夢の中に現れる事物が意識の把握対象であること、すなわち法処であることを示唆している。

▶3.4 無表色をめぐる論争

ツォンカパとジャムヤンシェーパが内在史の観点から瑜伽行派と中観派に共通する法処色の理論を構成しようとしたのには大きな理由があったと考えられる。おそらく彼らはナルタン僧院の学僧チョムデン・リクレル（Bcom ldan rig ral: 1227–1305）らが示す見解に違和感を覚え、それに代わる別の考えを提示しようとしたのである。

チョムデン・リクレルは『阿毘達磨集論』に対する自身の註釈『荘厳華論』（*Rgyan gyi me tog*）の中で、無表業（第三の「受け入れ行為から生じる色」に相当）は毘婆沙師の学説による妄想の産物に過ぎず、妥当な認識（tshad ma, *pramāṇa）によって確立されたものではないと述べている。これは、パン・ロドゥ・テンパ（Dpang blo gros brtan pa: 1276–1342）やササン・マティ・パンチェン（Sa bzang ma ti paṇ chen: 1294–1376）の『阿毘達磨集論』註釈にも共通に現れる見解である[23]。また、チョムデン・リクレルは「空洞に属する色」、「概念構想された色」、「自在力から生じる色」の三つは、知を本質とするもの（shes pa'i bdag nyid）であって実在の物質ではないこと、したがって、真に法処色とみなし得るのは極微（第一の「極小の色」に相当）のみであることを主張する。『荘厳華論』に以下のように述べられる。

「本書（『阿毘達磨集論』）によれば、毘婆沙師が構想する表業が存在しないのと同じように、無表業（無表色）もまた存在しない。なぜなら、妥当な認識によって確立されないからである。律儀等については『思』（sems pa, *cetanā）の箇所で説明しよう。それゆえ、これ（無表色）は学説によって構想された色なのである。概念構想された色とは、影像の色を念想する者に骸骨などとして顕現するものである。自在力から生じる色とは、〔八〕解脱に立脚して静慮を実践する〔瑜伽行〕者が対象領域とする色のことである。その両者と、空洞に属する色という併せて三つのものは、そのような顕現を持つ知を本質とするものである。したがって、極微のみが〔真の〕法処色である。以上が確定見解である。」[24]

確かにチョムデン・リクレルが述べるように、毘婆沙師が立てる無表色の概念は他学派によって否定されているという見方もできる。例えばヴァスバンドゥ（Vasubandhu: 400–480 頃）の『業成就論』（*Karmasiddhiprakaraṇa*）を見ると、経量部（Sautrāntika）は無表色の実在性を認めずにそれを心所法の一つである「思」（cetanā）と同一視しており、瑜伽行派もそれを仮有とみなしていると解し得るからである[25]。ただし、その一方で、『阿毘達磨集論』の文章には「受け入れ行為から生じる色」の存在がはっきりと記され、『阿毘達磨集論釈』ではそれが無表色であると明言されているのも事実である。無表色に関するチョムデン・リクレルの解釈は、『業成就論』の説と整合するかもしれないが、『阿毘達磨集論』や『阿毘達磨集論釈』の言葉に忠実であるとは言い難い。

それに対し、ツォンカパとジャムヤンシェーパの方がむしろ『阿毘達磨集論』の説を忠実に受け入れようとしている。内在史というと、原典を離れた恣意的な解釈の寄せ集めのように思われるかもしれないが、実際には必ずしもそうではない。ツォンカパやジャムヤンシェーパが目指すのは、原典を離れることなく、しかも原典の隠れた意味を掘り起こし、点と点の間の見えない線を結びつけることである。ジャムヤンシェーパから見れば、チョムデン・リクレルは「学説体系の断片のみを習得した者」(gzhung lugs phyogs re sbyangs pa)[26]に過ぎない。ジャムヤンシェーパはインドからチベットに伝わった学説体系の全体を見渡し、そこに内在する価値を見出そうとしている。そして、そのことはインド仏教の原典の恣意的な改変を許すものでは決してなかったのである。

▶3.5 仏教思想の全体的把握

ジャムヤンシェーパは常に学説体系の全体に目を向けている。したがって、彼の関心は「瑜伽行派」や「帰謬論証派」といった特定の学派の特色を浮き彫りにすることだけでなく、仏教の諸学派に共通の見解を浮かび上がらせることにも向けられる。チョムデン・リクレルは、無表色が毘婆沙師による構想の産物でしかないと考えていたが、ジャムヤンシェーパはそうでなく、仏教の全学派(毘婆沙師・経量部・瑜伽行派・中観派[自立論証派・帰謬論証派])に共通して受け入れられた概念であると理解する。そのことを論証するために、彼は『阿毘達磨集論』の他に、ナーガールジュナ(Nāgārjuna: 150–250頃)の『根本中頌』(*Mūlamadhyamakakārikā*)並びにその諸註釈、ヴァスバンドゥの『五蘊論』(*Pañcaskandhaka*)、さらには密教の聖者流アーリアデーヴァ(Āryadeva)に帰せられる『行合集灯』(*Caryāmelāpakapradīpa*)を引用する。以下に、ジャムヤンシェーパによって引用される『行合集灯』の一節を前後の文章も併せて示す。

「その中で色蘊の集合体は大日如来そのものである。さらに、それは五つの様態によって区分される時、五仏によって加持される。その内、長短などの内・外・内かつ外の形色は大日如来によって加持されるものである。自・他・自かつ他などの様態を持つ色は宝生如来によって加持されるものである。内外にある青などの五顕色は阿弥陀如来によって加持されるものである。内外にある日月の光明という色は不空成就如来によって加持されるものである。純粋に各自で認識されるべきものに他ならない無表色（kevalaṁ svasaṁvedyamātram [a]vijñaptirūpam）は阿閦如来によって加持されるものである。以上、五種の色蘊を説明した。」[27]

ここには五種の色と五仏の対応関係が示されている。瑜伽行者は五つの様態の色がそれぞれの仏によって加持されるさまを念想し、自らも五仏からの加持を得ようとする。この修行法を成立させるためには、五種の色のどれ一つとして欠けてはならない。無表色は聖者流の無上瑜伽タントラの実践においても不可欠な要素の一つとなる。

さらにまた、ツォンカパが夢の問題に特別のこだわりを見せたのは、中観派の存在論や実践論との関連を考えていたからかもしれない。夢の喩例は、瑜伽行派にとっては唯識無境の説を確立するものであるが、中観派にとっては一切法が非実在であることを確立するものである。幻、陽炎、鏡像なども同様に非実在論証の喩例となる。これらは全て意識に顕現するが、顕現する通りのあり方で現実にあるのではない。つまり、「顕現する通りには成立しないもの」（snang ba ltar ma grub pa）である[28]。そして、夢や幻と同じく、壺などの事物もまた私達の意識には実在（bden pa）として顕現するが、顕現する通りには成立しないものである。非実在なるものがあたかも実在であるかのように見えているだけなのだ。この理論を成立させるためには、夢の中で見られる事物や幻の馬・牛などは、「兎の角」のような畢竟無であってはならず、ある種の存在性をもって意識に顕現するものでなければばならない。ツォンカパやジャムヤンシェーパがそれらを法処色とみなすのは以上のような理由からである。

なお、内モンゴル出身のゲルク派学僧テンダル・ラランパ（Bstan dar lha rams pa: 1759–?）は、帰謬論証派の見解において幻の馬は法処ではなく色処であるという独自の見解を述べている。すなわち、テンダル・ラランパはそれが実物の馬の姿形と同じように眼識の対象であることを認めるのである。彼の見解はゲルク派内であまり支持されてこなかったと思われる。現代のゲルク派僧院でも、それは一つの「奇異な見解」として人々の記憶に刻まれているようである。しかし、テンダル・ラランパのような考えは、幻の馬の本質(ngo bo)は何であるかという問題をツォンカパ以降の学者達が真剣に議論してきたからこそ生まれたのであろう。結論が何であれ、そのような議論がなされてきたという事実にこそ意味がある。

▶3.6 内的経験と幻出

ところで、ツォンカパは「幻」の比喩に異なった二つの意味を見出している。

> 「『幻』の意味として次の二つのことが表現されている。例えば勝義諦について『幻のようである』という時のように、単なる存在としては成立するが実在性が否定されることを『幻のようである』と表現する場合と、色などについて『幻である』という時のように、自己に固有の存在性を欠くものでありながらも色などとして顕れる顕れ方を『幻のようである』と表現する場合の二つがある。」[29]

壺が壺たるゆえんは、陶土を特定の形状にしてから焼き固めて作られた物体に「水の保持」などの属性が認められる時、「これは壺だ」という判断が観察者によって下されるためである。壺はそれを措定する観察者の知に依存して成立するのであって、自身の固有のあり方によって自立的に存在しているのではない。この壺のあり方は、幻の馬のあり方に似ている。舞台上に現れる幻の馬が馬たるゆえんは、幻術師が仕掛けを施して舞台上に映し出された時、その仕掛けを知らない観客によって「これは馬だ」と判断されるためである。幻の馬がそれ自体で自立的に馬として存在しているのではない。観客の知が仮にそれを馬にしているのである。このように事物の非実在性が「幻」の比喩によって語られる。

上記の推論を通じて諸事物の非実在性を理解した菩薩は、次第に瞑想体験を深めていくと、深い没我状態に到達し、それまで知の働きによって分節化されていた世界の多様性が無と化すさまを直観することとなる。そこでは壺は壺ではなく、馬は馬ではない。菩薩が目の当たりにするのは色即是空の真理である。T・Sエリオット(T. S. Eliot: 1888–1965)が『四つの四重奏』(*Four Quartets*)で「世界ではない世界」、「内なる暗黒」、「感覚の世界の乾燥」、「想念の世界の虚脱」と表現した世界である[30]。

だが、彼の探究はそこで終わらない。やがて菩薩は深い禅定から出定し、再びあの分節化された懐かしい世界を眺めるであろう。そこでは壺は再び壺であり、馬は再び馬である。その時、彼は壺や馬が自己に固有の存在性を欠くものであるのを知りながら、それらが意識に顕れるさまを観察し、世界が幻に似ていることを発見する。出定後の彼が獲得するのは、舞台上に映し出された幻影を幻影として認識する幻術師の視点である。世界の分節構造とその非実在性を同時に見る複眼的視点である。すると、菩薩は喉が渇いて苦しみの表情を浮かべた馬を見つけるであろう。すぐさま彼は壺に水を一杯に溜め、馬のところへ駆け寄って水を与える。馬も壺も幻に過ぎないことを知りながら。ここに菩薩の利他行が成立する。

第一の幻は実在性の欠如を表し、第二の幻は虚像の現出を表している。前者は幻の否定的側面を、後者は肯定的側面を表すともいえるであろう。ツォンカパにとって世界とは「兎の角」のような畢竟無ではなく、否定的側面と肯定的側面を兼ね備える幻のような存在なのであった。ツォンカパは二つの幻の間を行き来しながら、世界の消滅と現出を観察した上で、利他行を実践していたに違いない。

私達はツォンカパの著作を内的経験の真実なる記録として読むことができる。ツォンカパに導かれるようにして自身の内的世界へと向かって行く時、そこに現れる概念の定義や起源などの問題は無と化すであろう。だが、そこで探究は終わらない。内在的読解を通じて精神的判断を導き出した後に私達はそこから「出定」し、外在的読解とそれに伴う存在判断を試みることができる。ツォンカパが依拠する『入中論』チベット語訳とサンスクリット原典との間の微妙な相違に気を配り、ツォンカパやジャムヤンシェーパの議論がチョムデン・リクレルへの批判になっているという歴史的事実にも注意を向けて。

内在的読解と外在的読解が必ずしも対立するわけではない。むしろ、その二つは相互補完的な関係にある。私達はある概念にまつわる思想史的背景を知り、それがチベットで様々な解釈を生み出してきた理由を探る。すると、そこに見えてくるのは、その概念について考察を進めながら内的経験を深めていった個々の思想家の真実の記録である。その一方で、彼らが探究した内的世界の細部を理解する上で、一つ一つの概念のインド的起源やチベットでの変容についての知識は不可欠である。

そして、最後に、私達に求められているのは、批評家の精神かもしれない。批評というのは、欠点を挙げて評価を下すことではない。良いものを選別することである。小林秀雄はモーツァルトの音楽について批評することを通じて、モーツァルトが音楽で語っている以上のことを明らかにしようとした。柄谷行人は夏目漱石やマルクスをその可能性の中心において読むという試みを行なっている。私達も『入中論』や『阿毘達磨集論』を読んで、それらの作品が表面的に語っているように見えること以上の深い真実について語ることができる。その批評的精神を教えてくれるのが他でもない、ツォンカパやジャムヤンシェーパといった偉大な魂を持つチベットの思想家達である。

4. おわりに

チベット仏教文献がインド仏典の単なる「代替物」でないことは明らかである。『入中論』の全体がサンスクリット原典で読める時代になってもツォンカパやジャムヤンシェーパの註釈が不要になることはないし、たとえ『阿毘達磨集論』と『阿毘達磨集論釈』の批判的校訂本が完成してもチョムデン・リクレルやパン・ロドゥ・テンパの註釈が価値を失うことにはならない。仏教研究には常にエティックなアプローチとイーミックなアプローチの両方が必要である。文献を読む際には外在的読解と内在的読解の両方があって良いはずである。

こうしたことが分かってきたら、源流から川を下って支流に分け入る旅に出ることにしよう。なぜなら私達は、たとえ旅の途中で激流に流されそうになったとしても、内なる世界へと通じる扉のありかを知っているのだから。

▶略号と文献

1. インド・チベット文献

［インド撰述文献］

CMP　*Caryāmelāpakapradīpa* (Āryadeva): see Wedemeyer 2007.

CMP D — *Caryāmelāpakapradīpa* (Āryadeva): Sde dge ed. *rgyud*, ngi. Tohoku No. 1803.

TJ D — *Madhyamakahṛdayavṛttitarkajvālā* ("Bhāviveka"): Sde dge ed. *dbu ma*, dza. Tohoku No. 3856.

BCA — *Bodhicaryāvatāra* (Śāntideva): L. de La Vallée Poussin ed. *Prajñākaramati's Commentary to the Bodhicaryāvatāra of Çāntideva*. Bibliotheca Indica, Vol. 150, Calcutta: Asiatic Society. 1902–14.

BCA D — *Bodhisattvacaryāvatāra* (Śāntideva): Sde dge ed. *dbu ma*, la. Tohoku No. 3871.

BhP D — *Bhadrapālaśreṣṭhiparipṛcchā* Tibetan sDe dge ed. *dKon brtsegs* Cha. Tohoku No. 83.

MABh Y — *Madhyamakāvatārabhāṣya* (Candrakīrti): See Yonezawa 2019.

MABh LVP — *Madhyamakāvatārabhāṣya* (Candrakīrti): L. de la Vallée Poussin ed. *Madhyamakāvatāra par Candrakīrti, Traduction Tibétaine*. Bibliotheca Buddhica IX. St. Petersburg. Reprint, Osnabrück. 1970.

［チベット撰述文献］

Kun btus ti ka — *Chos mngon pa kun las btus pa'i ti ka shes bya thams cad gsal bar byed pa'i sgron me* ('Jad pa gzhon nu byang chub). *Bka' gdams gsung 'bum phyogs bsgrigs thengs gnyis pa*, vol. 40 (pp. 17–542). Chengdu: Si khron mi rigs dpe skrun khang. 2007.

Dgongs pa rab gsal — *Dbu ma la 'jug pa'i rgya cher bshad pa dgongs pa rab gsal* (Tsong kha pa blo bzang grags pa): Zhol ed. Ma. Tohoku No. 5408.

Rgyan gyi me tog — *Chos mngon pa kun las btus kyi rnam par bshad pa rgyan gyi me tog* (Bcom ldan rig pa'i ral gri): Bcom ldan rigs pa'i ral gri'i gsung 'bum. Nga. Lhasa. 2006.

Dbu ma chen mo — *Dbu ma 'jug pa'i mtha' dpyod lung rigs gter mdzod zab don kun gsal skal bzang 'jug ngogs* ('Jam dbyangs bzhad pa ngag dbang brtson 'grus): Bkra shis 'khyil ed. Ta.

Zla 'od	*Byang chub sems dpa'i spyod pa la 'jug pa'i 'grel pa byang chub kyi sems gsal bar byed pa zla ba'i 'od zer.* (Bu ston rin chen grub): The Collected Works of Bu-ston. Dza. Tohoku No. 5178.
Lam rim chen mo	*Byang chub lam gyi rim pa chen mo* (Tsong kha pa blo bzang grags pa): Zhol ed. Pa. Tohoku No. 5392.
Shes bya gsal snang	*Dam pa'i chos mngon pa kun las btus pa'i 'grel ba shes bya rab gsal snang ba* (Sa bzang ma ti paṇ chen): In *Jo nang dpe tshogs spyi'i deb drug pa*. Beijing: Mi rigs dpe skrun khang. 2007.
Shes bya gsal byed	*Chos mngon pa kun las btus kyi rgya cher 'grel pa shes bya gsal byed* (Dpang blo gros brtan pa). Kathmandu: Sa skya rgyal yongs gsung rab slob gnyer khang. 1999.

2. 欧文・和文資料

Apple, James B.

2009 *Stairway to Nirvana: A Study of the Twenty Samghas Based on the Works of Tsong kha pa*. State University of New York Press.

Broid, Michael M.

1988 "Veridical and Delusive Cognition: Tsong-kha-pa on the Two *satyas*." *Journal of Indian Philosophy* 16: 29–63.

de la Vallée Poussin, Louis

1907 "Madhyamakāvatāra Introduction au Traité de l'Ācārya Candrakīrti, avec le commentaire de l'auteur, traduit d'aprés la version tibétaine." *Le Muséon*, n.s. (pp. 249–317).

Kapstein, Matthew T.

2003 "The Indian Literary Identity in Tibet." In S. Pollock ed. *Literary Cultures in History: Reconstructions from South Asia* (pp. 747–802). University of California Press.

Kragh, Ulrich Timme

2006 *Early Buddhist Theories of Action and Result: a Study of Karmaphalasambandha, Candrakīrti's Prasannapadā, Verses* 17.1–20. Wiener Studien zur Tibetologie und Buddhismuskunde, Heft 64.

Lamotte, Étienne

1936 "Le Traité de l'Acte de Vasubandhu, Karmasiddhiprakaraṇa." *Melanges Chinoise et Bouddhique* 4: 265–288.

Martin, Dan

2014 "Indian *Kāvya* Poetry on the Far Side of the Himalayas: Translation, Transmission, Adaptation, Originality." In Y. Bronner, D. Shulman, G. Tubb eds. *Innovations and Turning Points: Toward a History of Kāvya Literature* (pp. 563–608). Oxford University Press.

Nattier, Jan

1992 "The *Heart Sūtra*: A Chinese Apocryphal Text?" *The Journal of the Internal Association of Buddhist Studies* 15-2: 153–223.

Tillemans, Tom J. F.

1983 "The 'Neither One nor Many' Argument for *śūnyatā* and its Tibetan Interpretations," In E. Steinkellner and H. Tauscher eds., *Contributions on Tibetan and Buddhist Religion and Philosophy*. Wiener Studien zur Tibetologie und Buddhismuskunde, vol. 2 (pp. 305–320). Vienna: Arbeitskreis für Tibetische und Buddhistische Studien Universität Wien.

1990 *Materials for the Study of Āryadeva, Dharmapāla and Candrakīrti: The Catuḥśataka of Āryadeva, Chapters XII and XIII with the Commentaries of Dharmapāla and Candrakīrti. Introduction, Translation, Sanskrit, Tibetan and Chinese Texts, Notes*. Wiener Studien zur Tibetologie und Buddhismuskunde. Heft 24.

van der Kuijp, Leonard W. J.

2013 "Notes on Jñānamitra's Commentary on the *Abhidharmasamuccaya*." In U. T. Kragh ed., *The Foundation for Yoga Practitioners: The Buddhist Yogācārabhūmi Treatise and Its Adaptation in India, East Asia, and Tibet* (pp. 1388–1429). Harvard University Press.

Wedemeyer, Christian K.

2007 *Aryadeva's Lamp That Integrates the Practices (Caryamelapakepradipa): The Gradual Path of Vajrayana Buddhism According to the Esoteric Community Noble Tradition*. Columbia University Press.

Yonezawa, Yoshiyasu

2019 "A Textual Study of the **Lakṣaṇaṭīkā*." PhD diss., Leiden University.

阿毘達磨集論研究会
2015 「梵文和訳『阿毘達磨集論』(1)」『インド学チベット学研究』19: 57–96.
石川美恵
1993 『二巻本訳語釈—和訳と注解—』(Materials for Tibetan-Mongolian Dictionaries, Vol. 3) 東洋文庫
W・ジェイムズ、(訳) 桝田啓三郎
1969 『宗教的経験の諸相(上)』岩波文庫
上野康弘
2011 「蔵訳『荘厳経論安慧釈』における著者問題——安慧作とすることへの若干の疑問——」『印度学仏教学研究』60-1: 110 (449) –114 (445).
T・S・エリオット、(訳) 岩崎宗治
2011 『四つの四重奏』岩波文庫
加藤利生
1995 「唯識学派に於ける法処所摂色の取り扱かい」『印度学仏教学研究』43-2: 174–177.
1996 『瑜伽師地論』に見られる法処所摂色の取り扱かい」『印度学仏教学研究』44-2: 24–28.
河口慧海
2015 『チベット旅行記(上)』講談社学術文庫
根本裕史
2011 『ゲルク派における時間論の研究』平楽寺書店
2016 『ツォンカパの思想と文学—縁起讃を読む』平楽寺書店
2017 「ツォンカパの人間観」『日本仏教学会年報』82: 44–61.
船山徹
2013 『仏典はどう漢訳されたのか——スートラが経典になるとき』岩波書店

▶注

1 T2035, vol. 49, 398b17f.: 第九潤文。官於僧衆南向設位。(參詳潤色。如心經度一切苦厄一句。元無梵本。又是故空中一句。是故兩字元無梵

本。）なお、ジャン・ナティエは、玄奘訳『般若心経』はサンスクリット語からの翻訳ではなく、鳩摩羅什訳『大品般若経』の一節を抽出して前後を加えて作られた偽経（apocrypha）であるという仮説を立てている（Jan Nattier 1992）。

2 清の徐松（1781–1848）によって書かれた『宋会要輯稿』によると、証義と証文を「梵僧」すなわちインド人が担っていたということであるので、中国の訳場においてもインド人学者が翻訳の仕事に関わっていたことになる（船山 2013: 61）。

3 チベット語訳において「潤色」は皆無ではないが、漢訳に比べると、圧倒的に少ないと言えるであろう。なお、「潤色」とは別の問題かもしれないが、チベット人翻訳者の註記が訳文中に挿入される場合がある。スティラマティ（Sthiramati: ca. 510–570）作として伝わる『経荘厳註疏』（*Sūtrālaṁkāravṛttibhāṣya*）の訳には、チベット人翻訳者が追加したと思われる「インドの言葉では」（rgya gar skad du）で始まる註記が現れ（上野 2011）、アバヤーカラグプタ（Abhayākaragupta: 11–12世紀）の『牟尼意趣荘厳』（*Munimatālaṁkāra*）のチベット語訳北京版には、原文にないチベット語の割註が挿入される。

4 この特徴はインドのサンスクリット文学のチベット語訳や、サンスクリット文学の影響のもとに書かれた古典チベット文学に顕著に見られる。Kapstein 2003、Martin 2014を参照。

5 プトゥンはチベット語訳の第2詩脚と第3詩脚の順序を入れ替えて理解している。おそらく彼はサンスクリット原文を見て、anityajīvitāsaṅgāt「はかない命への執着のせいで」をidaṁ bhayam ajānatā「このような恐ろしいことになるとも知らずに」にかけて読んだのであろう。

Zla 'od 47b6f.: bag med pa bdag gis ni mi rtag cing yun du mi gnas pa'i tshe 'di'i che dag tu ste | 'di la chags pas dmyal sogs kyi sdug bsngal gyi 'jigs pa 'di 'dra 'byung bar ma 'tshal te | ma shes nas sdig pa mang po nye bar bsgrubs so | |（「放逸なる私は、はかなく永続しないこの命のために、これに対する執着のせいで、地獄などの苦しみというこのような恐ろしいことが起こるとも知らず、認識せずに、多くの罪を犯してしまった。」）

6 *Zla 'od* 48a6f.: dmyal ba'i gnas der skyabs yod pa ma yin pa'am | rgya dpe ltar na | 'jigs pa che na | de'i tshe bdag gis ji ltar bya ste |「その地獄という場所に避難所がないとするならば――もしくはインドの伝本に従うと、非常に恐ろしい〔その場所〕で――その時、私はどうすれば良いのであろうか。」

7 ツォンカパはtattvabuddhaという原語を想定する「ある者」（kha cig）の解釈を紹介し、自らもその解釈を支持している。通常、所有複合語（Bahuvrīhi）の一部を構成する過去分詞は前部に置かれるのでbuddhatattvaという形になるが、āhitāgni群に含まれる複合語の場合には過去分詞を任意に後部に置いても良いことになっている（*Aṣṭādhyāyī* 2.2.37）。この規則を適用すればtattvabuddhaという語形も正当化できる。

8 ルイ・ドゥラ＝ヴァレ＝プーサンはこのチベット語からbuddhasya tattvamというサンスクリット語を想定し、la nature de Bouddha「仏陀の本質」「仏性」が声聞・独覚・無上正等覚者の三者に等しく具わっていることから、buddhaという名称は独覚にも適用可能なのであるという解釈を提案する。しかし、今の文脈では仏性思想まで考慮に入れる必要はないであろう（de la Vallée Poussin 1907: 254）。

9 *Dbu ma chen mo* 15a5ff.: byas pa la kho na re | 'o na | rang 'grel las | sangs rgyas kyi sgra 'di sangs rgyas kyi de nyid nyan thos dang rang sangs rgyas bla na med pa yang dag par rdzogs pa'i sangs rgyas gsum char la 'jug ste | zhes gsungs pa mi 'thad par thal | sangs rgyas kyi sgra nyan rang sangs rgyas gsum

ka la mi 'jug pa'i phyir na ma khyab ste | 'di 'gyur shin tu mi legs pas des na sangs rgyas kyi sgra 'di sangs rgyas kyi de nyid ces pa'i don ni khong du chud pa'i sgra 'di de nyid khong du chud pa nyan thos dang rang rgyal sangs rgyas gsum char la 'jug ces pa'i don yin pa'i phyir | buddha'i sgra sangs rgyas kho na la bsgyur mi dgos pa'i phyir | der thal | buddha'i sgra gnyid sad pa dang pad 'dab rgyas pa mkhas pa sogs du ma la 'jug pa'i phyir te |

10　Tillemans 1983: 312, 1990: 16を参照。Broido 1988: 54（n. 12）やApple 2009: 10ff.などにTillemans 1983, 1990の説を支持する考えが示されている。

11　ツォンカパの時間論については根本2011を参照。

12　MABh $_{LVP}$ ad MA VI 51（de la Vallée Poussin 1970: 142）: ji ltar* gzugs mthong ba na mig dang gzugs dang yid de gsun po nye bar gyur pa de bzhin du | rmi lam du yang yul yongs su gcod pa na gsum 'dus par dmigs pa yin no | | ji ltar der mig dang gzugs gnyis med pa de bzhin du | mig gi rnam par shes pa yang yod pa ma yin no | |（*原文にji lurとあるがji ltarに訂正した。）

13　MABh $_{Y}$ ad MA VI 52a（Yonezawa 2019: 228）: yas tu manyate | dharmāyatanaparyāpānnaṁ rūpaṁ svapne manovijñānagrāhyam asti, tasmān na vinā viṣayeṇa kvacid vijñānam astīti | tasyāpy ayuktaṁ | svapne sarvathaiva trayasyāsaṁbhavāt |

14　AS（阿毘達磨集論研究会 2015: 86）: dharmāyatanikaṁ rūpaṁ katamat | tat pañcavidham draṣṭavyam | ābhisaṁkṣepikam ābhyavakāśikaṁ sāmādānikaṁ parikalpitaṁ vaibhutvikaṁ ca |

T1605, vol.31, 663c15ff.: 何等法處所攝色。有五種應知。謂極略色。極迥色。受所引色。遍計所起色。定自在所生色。

『瑜伽師地論』（「本地分」「摂決択分」）と『顕揚聖教論』に説かれる法処所摂色については加藤 1995, 1996を参照。また、『大乗法苑義林章』（T1861, vol. 45, 340b28ff.）に詳細な説明が与えられている。

15　「暗闇などの中で意識内に顕れる青白い空間」（mun khung sogs su yid la bar snang skya bor snang ba）という例はパン・ロドゥ・テンパの註釈に見られる（*Shes bya gsal byed* 32b6）。ジェーパ・ションヌ・チャンチュプによると、ぼんやりとした青白い空間（nam mkha' skya bo seng seng bo）そのものが意識内に顕現するという説と、その空間を極小単位まで分析することによって極微のようなものが意識内に顕現するという説の二つがある（*Kun btus ti ka* 43a3）。チョムデン・リクレルは「暗闇などの中で意識内に顕れる青白い空間」が法処ではなく色処であるという別見解を述べている（*Rgyan gyi me tog* 29b4）。

16　チベットで書かれた幾つかの註釈によると、禅定によって獲得される静慮律儀（bsam gtan gyi sdom pa, *dhyānasaṁvara）や無漏律儀（zag med kyi sdom pa, *anāsravasaṁvara）も「受け入れ行為によって生じた色」に含まれる。戒律の受け入れによって生じるものではないその二つの律儀がなぜ「受け入れ行為によって生じた色」と呼ばれるのかという点については様々な説がある。ジェーパ・ションヌ・チャンチュプによると、この第三の法処色には、確かに静慮律儀や無漏律儀も含まれるが、受け入れ行為によって生じる別解脱律儀が主たるものである（phal che ba）ことからそのように命名される。あるいはまた、静慮律儀と無漏律儀も、戒律の受け入れによって生じた別解脱律儀を守りながら修行を重ねることによって獲得されるので、「受け入れ行為によって生じた色」と呼ぶことができる（*Kun btus ti ka* 43a4f.）。一方、パン・ロドゥ・テンパとササン・マティ・パンチェンが伝えるジュニャーナミトラ（Jñānamitra）の説によると、それらは戒律の受け入れによって生じるものではないが、それに類似する（'dra ba）ため、もしくはsāmādānikaという表現はādi「など」という語が省略された形（sogs sgra phyis pa）であると考えられるため、その範疇に含めて良いのだという（*Shes bya gsal byed* 33a4f.; *Shes bya gsal snang* 67.1f.）。

17 「受け入れ行為から生じる色」が無表色（avijñapti）に相当するという理解は『阿毘達磨集論釈』に見られる（阿毘達磨集論研究会 2015: 87）。無表色・無表業の概念についてはKragh 2006: 238ff.を参照。

18 ジェーパ・ションヌ・チャンチュプによると、瑜伽行者が日中に墓場で死体が腐敗する様子を観察した後、自身の僧房に戻って瞑想を行なう時に、意識内に顕れる死体などの影像が「概念構想された色」である。*Kun btus ti ka* 43a5: kun brtags pa ni rnal 'byor pas nyin mo dur khrod du phyin te ro rnam par sngos pa la sogs pa la bltas nas gnas khang du 'ongs ste mnyam par bzhag pa na | ting nge 'dzin gyi gzung cha la shes bya'i dngos po dang mthun pa'i gzugs brnyan rnam par sngos pa la sogs pa snang ba'o | |（「概念構想された色とは、瑜伽行者が日中に墓場に行って、青黒くなった死体［rnam par sngos pa, *vinīlaka, 青瘀］などを観察した後で、僧房に戻って入定した時に、三昧の把握要素として認識されるべき事物に類似した影像——例えば青黒くなった死体など〔の影像〕——として顕現するものである。」）

19 van der Kuijp 2013: 1389, 1397を参照。『カダム全集』第40巻に収録される『阿毘達磨集論』註釈の写本は奥書を含む末尾のページを欠くため、本書の著者問題が完全に解決されているわけではない。今は『カダム全集』編纂者とvan der Kuijp 2013に従い、仮にジェーパ・ションヌ・チャンチュプの作と想定した。

20 *Kun btus ti ka* 43a6: mnyam par bzhag pa'i yid kyi yul gyi dbang du byas nas tha ma gnyis gzhag go | | de la yang sems la dbang ma thob pa'i yid kyi yul gyi dbang du byas nas kun brtags pa'i gzugs bzhag la | sems la dbang thob pa'i yid kyi yul gyi dbang du byas nas dbang 'byor pa'i gzugs gzhag go | |（「定意の対象を鑑みて後者二つが定められている。さらにその中でも、心に自

在力を得ていない者の意識の対象を鑑みて『概念構想された色』が定められ、心に自在力を得ている者の意識の対象を鑑みて『自在力から生じる色』が定められる。」）

21 *Dgongs pa rab gsal* 152b4f.: de la chos kyi skye mched kyi gzugs lnga ni dngos por smra ba'i grub mthas btags pa min gyi | mdo las gsungs shing rang nyid kyang de ltar du bzhed do | |

22 *Dbu ma chen mo* 318b4f.: mdo las | bzang skyong | dmus long gi rmi lam gyi nang du gzugs la sogs pa mthong ba ni shes pas bsdus pa'i mig gis mthong ba yin gyi | sha'i mig gis ni ma yin no | | zhes gsungs pa'i phyir |

BhP D 77b7f. (cf. TJ D 205a4): mi dmus long des rmi lam du gzugs rnams ji ltar mthong | bzang skyong gis gsol pa | bcom ldan 'das de'i slad du bdag la bka'stsal du gsol | bcom ldan 'das kyis bka' stsal pa | bzang skyong de bas na nang gi mig shes pa dang ldan pas rmi lam du gzugs rnams mthong gi sha'i mig gis ni ma yin no | |（「『かの盲人は夢の中でどのようにして色を見るのか。』バドラパーラは答えた。『世尊よ、それについて私に教えて下さい。』世尊は仰った。『バドラパーラよ、それゆえ、知と結合した内的な眼によって〔彼は〕夢の中で色を見るのであって、肉眼で見るのではない。』」）

T310, vol. 11, 611b10ff.: 彼生盲之人、睡眠所夢云何得見。跋陀羅波梨白佛言。善哉世尊。唯願爲我解説。此事云何得見。佛告跋陀羅波梨。跋陀羅波梨汝當知。以内眼因智力。

23 *Shes bya gsal byed* 33a3: 'dir ni bye brag du smra bas btags pa de lta bu med te tshad mas gnod pa'i phyir ro | |（「本書によれば、毘婆沙師が構想するそのような類のものは存在しない。なぜなら、妥当な認識によって打ち消されるからである。」）

24 *Rgyan gyi me tog* 30a3ff.: 'dir ni bye brag du smra bas kun brtags pa'i rnam

par rig byed bzhin du rig byed ma yin pa'ang med de tshad mas ma grub pa'i phyir ro | | sdom pa la sogs pa ni sems pa las 'chad par 'gyur ro | | de'i phyir 'di ni grub mthas brtags pa'i gzugs yin no | | kun brtags pa ni gzugs brnyan gyi gzugs bsgoms pa po la keng rus la sogs par snang ba'o | | dbang 'byor pa'i gzugs ni rnam par thar pa la bsam gtan byed pa'i spyod yul gyi gzugs gang yin pa de | de gnyis ka dang mngon par skabs yod pa gsum pa ste de ltar snang ba'i shes pa'i bdag nyid yin no | | de'i phyir rdul phra rab nyid chos kyi skye mched pa'i gzugs yin no zhes gnas pa'o | |

25 Lamotte 1936: 165f., 172およびKragh 2006: 242を参照。ジェーパ・ションヌ・チャンチュプが伝えるチム（Mchims）の見解においても、無表色は第一義的な色（gzugs mtshan nyid pa）ではなく、第二義的な色（gzugs btags pa）すなわち本来的な色ではないが言葉の転義的用法によって仮に「色」と呼ばれるものであるというのが瑜伽行唯識派（rnal 'byor spyod pa sems tsam pa）の説であるとされる（*Kun btus ti ka* 43a9）。

26 *Dbu ma chen mo* 314b4f.: sngon dus kyi gzhung lugs phyogs re sbyangs pa mang po na re | rnam par rig byed ma yin pa'i gzugs bye smra las grub mtha' gong ma gsum gyis mi 'dod zer na |（「かつて学説体系の断片のみを習得した多くの人々は次のように述べていた——毘婆沙師よりも上位の三学派［経量部・唯識派・中観派］は無表色というものを認めない。」）

27 CMP 351.9ff. (cf. Wedemeyer 2007: 154): tatra rūpaskandhasamūho vairocanaḥ | sa ca punaḥ pañcākārair bhidyamānaḥ pañcatathāgatair adhiṣṭhitaḥ | tatra dīrghahrasvādibāhyādhyātmikobhayasaṁsthānarūpaṁ vairocanasyādhiṣṭhānam || ātmamanyanādīnām ubhayaprakārarūpaṁ ratnasambhavasya* | bāhyābhyantare nīlādipañcavarṇarūpam amitābhasya

| bāhyābhyantare candrasūryālokākārarūpam amoghasiddheḥ | kevalaṁ svasaṁvedyamātraṁ vijñaptirūpam** akṣobhyasyādhiṣṭhānam ity uktaḥ pañcadhā rūpaskandhaḥ | (*CMP D61b3f.: bdag dang gzhan gnyis ka la sogs pa'i rnam pa'i gzugs ni rin chen 'byung ldan gyis so | |. **Read avijñaptirūpam. Cf. Wedemeyer 2007: 155, n. 17. CMP D61b4: rnam par rig byed ma yin pa.)

28 中観派の非実在論証における喩例の役割については根本 2016: 97ff.で詳しく検討した。

29 *Lam rim chen mo* 476a2ff.: sgyu ma'i don la gnyis gsungs te | don dam bden pa sgyu ma lta bur gsungs pa lta bu yod pa tsam du grub kyang bden pa khegs pa la byas ba dang | gzugs sogs la sgyu mar gsungs pa rang gi rang bzhin gyis stong bzhin du gzugs sogs su snang ba'i snang ba sgyu ma lta bu gnyis las | 'dir ni phyi ma ste |

「幻」の比喩に関するツォンカパの解釈について詳しくは根本 2017 を参照。

30 T・S・エリオット、（訳）岩崎宗治 2011: 53を参照。

執筆者一覧

編著者

高橋晃一　→奥付参照

根本裕史　→奥付参照

執筆者（掲載順）

Achim Bayer（アヒム・バイヤー）

金沢星稜大学教授

1. *The Theory of Karman in the Abhidharmasamuccaya*. Studia Philologica Buddhica Monograph Series 36. International Institute for Buddhist Studies, 2010.
2. *The Life and Works of mKhan-po gZhan-dga' (1871–1927): rDzogs-chen Master and Educational Reformer of Eastern Tibet*. Hamburg Buddhist Studies 11. Projekt Verlag, 2019.
3. 「初期インド仏教における食事と菜食主義」、山田孝子・小西賢吾編『食からみる世界』英明企画編集、2017年、pp.119–138.

彭毛才旦（パクモツェテン）

日本学術振興会特別研究員（DC2）

1. 「ツォンカパの幻（sgyu ma）の比喩と〈否定対象〉（dgag bya）」、『哲学』、広島哲学会、70、2018年、pp.143–157.
2. 「シャーキャ・チョクデンにおける自立論証派の世俗観」、『印度学佛教学研究』、67-2、2019年、pp.872–869.
3. 「チベット仏教における『入中論』6.34の解釈」『印度学佛教学研究』、68-1、2020年、pp.337–334.

李 学竹（りがくちく）

中国蔵学研究中心研究員

1. *Vasubandhu's Pañcaskandhaka*, Critically edited, China Tibetology, Publishing House and Austrian Academy of Sciences Press. 2008.（共著）

2. *Pañcaśatikā Prajñāpāramitā*, Critically edited, China Tibetology, Publishing House and Austrian Academy of Sciences Press. 2016.（共著）

3. "*Madhyamakāvatāra-kārikā* Chapter 6," Journal of Indian Philosophy, 43-1, 2015.

崔 境眞（ちぇきょんじん）

東京大学特任研究員

1. "Did Dharmakīrti Criticize Dignāga's Assertion?: On the Purpose of Stating the *Vyatireka* in *Pramāṇaviniścaya* 2," *Studies in Indian Philosophy and Buddhism* 19, 2012, pp. 1–18.

2.「ダルマリンチェンの svabhāvapratibandha 理解―本質的結び付き（'brel ba）の定義をめぐって―」『日本西蔵学会々報』60、2015 年、pp. 29–41.

3.「ゴク翻訳官の『難語釈』における確定（yongs su gcod byed）」『印度學佛教學研究』66-2、2018 年、pp.774–749.

［編著者］

高橋晃一（たかはしこういち）

1971年生まれ。東京大学准教授。東京大学文学部インド哲学仏教学専修課程卒業。東京大学大学院人文社会系研究科博士課程単位取得退学。博士（文学）。東京大学助手、日本学術振興会海外特別研究員（ドイツ・ハンブルク大学）、東京大学特任研究員、筑波大学助教などを経て、現在に至る。主な著書は『『菩薩地』「真実義品」から「摂決択分中菩薩地」への思想展開――vastu概念を中心として――』（山喜房佛書林、2005年）。専門はインドの瑜伽行・唯識思想で、特に最初期の思想の形成過程を研究している。

根本裕史（ねもとひろし）

1978年生まれ。広島大学大学院人間社会科学研究科教授。広島大学文学部人文学科卒業。広島大学大学院文学研究科博士課程後期修了。博士（文学）。日本学術振興会特別研究員（筑波大学）、同海外特別研究員（中国・青海師範大学）、広島大学大学院文学研究科准教授を経て現在に至る。主な著書は『ゲルク派における時間論の研究』（平楽寺書店、2011年）、『ツォンカパの思想と文学――縁起讃を読む――』（平楽寺書店、2016年）、『迦梨陀娑《云使》译注与研究』（扎布・根本裕史共訳、中国蔵学出版社、2018年）。専門はインド・チベット仏教中観思想およびチベット古典文学。

あびだつまじゅうろん

『阿毘達磨集論』の伝承

―インドからチベットへ、そして過去から未来へ―

2021（令和3）年3月22日　第1版第1刷発行

ISBN978-4-909658-51-7 C3015

★「阿毘達磨集論」の読み方について、小野玄妙編『佛書解説大辭典』（第七巻）（1934年、大東出版社）では「あびだつまじゅうろん」とするが、『望月仏教大辞典』（第四巻）（増訂版1957年、初版1936年、世界聖典刊行協会）では「あびだつましゅうろん」とする。本書では前者にしたがった。

発行所　株式会社 **文学通信**

〒170-0002　東京都豊島区巣鴨1-35-6-201

電話 03-5939-9027　Fax 03-5939-9094

メール info@bungaku-report.com ウェブ http://bungaku-report.com

発行人　岡田圭介

印刷・製本　モリモト印刷

ご意見・ご感想はこちらからも送れます。上記のQRコードを読み取ってください。